Aquisição de Controle
de Companhia
de Capital Pulverizado

Aquisição de Controle de Companhia de Capital Pulverizado

2013

Leticia de Faria Lima Coutinho
Advogada em São Paulo

> Monografia apresentada no curso de LLM de Direito Societário, como requisito parcial para a obtenção do Grau de Pós Graduação Lato Sensu.
>
> *Orientador:* Dr. Arthur Bardawil Penteado

AQUISIÇÃO DE CONTROLE
DE COMPANHIA
DE CAPITAL PULVERIZADO
AUTORA
Leticia de Faria Lima Coutinho
EDITOR
EDIÇÕES ALMEDINA, S.A.
Rua Fernandes Tomás, nºs 76-80
3000-167 Coimbra
Tel.: 239 851 904 · Fax: 239 851 901
www.almedina.net · editora@almedina.net
DESIGN DE CAPA
FBA.
PRÉ-IMPRESSÃO
EDIÇÕES ALMEDINA, S.A.
IMPRESSÃO E ACABAMENTO
DIGITAL PAGE GRÁFICA E EDITORA
Novembro, 2013
DEPÓSITO LEGAL

Apesar do cuidado e rigor colocados na elaboração da presente obra, devem os diplomas legais dela constantes ser sempre objecto de confirmação com as publicações oficiais.
Toda a reprodução desta obra, por fotocópia ou outro qualquer processo, sem prévia autorização escrita do Editor, é ilícita e passível de procedimento judicial contra o infractor.

 GRUPOALMEDINA

BIBLIOTECA NACIONAL DE PORTUGAL – CATALOGAÇÃO NA PUBLICAÇÃO

Aos meus pais, Oswaldo e Arlete, pelo incentivo e estímulo à educação e pelo exemplo de força e de determinação.

Ao meu irmão, Thiago, pelo exemplo de estudo.

Ao meu marido, Renato, por ser parte de todos os meus sonhos.

ABREVIATURAS

ABRASCA	Associação Brasileira de Companhias Abertas
AMEC	Associação de Investidores no Mercado de Capitais
ANBID	Associação Nacional dos Bancos de Investimento
ANBIMA	Associação das Entidades dos Mercados Financeiro e de Capitais
BM&FBOVESPA	**BM&FBOVESPA S.A. – Bolsa de Valores, Mercadorias e Futuros**
CAF	Comitê de Aquisições e Fusões
CEG	Centro de Estudos de Governança
City Code	City Code on Take-overs and Mergers
CMN	Conselho Monetário Nacional
Código Civil	Lei nº 10.406, de 10 de janeiro de 2002
CVM	Comissão de Valores Mobiliários
Diretiva nº 2004/25/CE	**Diretiva nº 25, de 21 de abril de 2004, do Parlamento Europeu e do Conselho da UE**
IBGC	Instituto Brasileiro de Governança Corporativa
ICVM 358	Instrução da CVM nº 358, de 03 de janeiro de 2002
ICVM 361	Instrução da CVM nº 361, de 05 de março de 2002
ICVM 487	Instrução da CVM nº. 487, de 25 de novembro de 2010
LBO	*Leveraged buyout*
Lei das S.A	Lei nº 6.404/76, de 15 de dezembro de 1976
Lei do Mercado de Capitais	Lei 6.385, de 07 de dezembro de 1976
MBO	*Management buyout*

AQUISIÇÃO DE CONTROLE DE COMPANHIA DE CAPITAL PULVERIZADO

Novo Mercado	Segmento de listagem de companhias abertas da BM&FBOVESPA
OCDE	Organização para Cooperação e Desenvolvimento
OPA	Oferta Pública para Aquisição do Controle de Companhia Aberta
RDM	Revista de Direito Mercantil
RT	Revistas dos Tribunais
UE	União Europeia
WpUG	*Wertpapiererwerbs und ubernahmegesetz*

I
Introdução

Este trabalho tem como objetivo analisar a regulação das transferências de controle em sociedades anônimas brasileiras de capital aberto[1] (disperso e pulverizado) mediante oferta pública de aquisição de ações, bem como destacar a importância do direito societário para se buscar soluções adequadas ao novo cenário do mercado de controle acionário, de grande importância para a economia brasileira.

Dessa forma, serão analisados os principais conflitos nas modificações do controle de companhias de capital pulverizado e disperso.

O capital pulverizado é aquele distribuído entre diversos acionistas individuais (*retail investors*), sem influência permanente nas decisões sociais, não existindo, assim, os elementos exigidos no art. 116 da Lei No. 6.404, de 15 de dezembro de 1976, conforme alterada ("Lei das S.A."), para a carac-

---

[1] Muito embora a Lei das S.A. (art. 257) não estabeleça qualquer restrição quanto à pessoa ofertante, o que se percebe é que, tanto no Brasil como em outros países, as ofertas públicas de aquisição de controle de companhias abertas têm sido lançadas por outras companhias abertas. Dessa forma, este estudo versará apenas sobre as questões envolvendo as ofertas públicas lançadas para a aquisição de ações de companhias abertas. No entanto, a tendência é que essa realidade seja modificada, na medida em que já pudemos vivenciar, no mercado brasileiro, ofertas hostis (não consensuais) para a aquisição de ações de companhias fechadas e familiares, como ocorreu na disputa societária envolvendo a aquisição da Schincariol pelo grupo Kirin, em que os acionistas minoritários da Schincariol não tiveram tempo razoável para exercer o direito de preferência, considerando que o valor envolvido era de R$ 4 bilhões.

terização do acionista controlador[2]. O capital disperso possui grau menos elevado de dispersão acionária, se comparado ao capital pulverizado, sendo que a participação acionária é normalmente detida por famílias, por fundos de pensão, por fundos de investimentos e por seguradoras, caso em que tais acionistas possuem mais influência nas decisões assembleares e, consequentemente, nas decisões sobre a condução dos negócios da sociedade.

Além disso, serão abordados, inicialmente, os modelos dos Estados Unidos e da União Europeia sobre a regulação das ofertas públicas de aquisição de ações.

O sistema americano, caracterizado pelo capital pulverizado (e pelo controle gerencial), em que as decisões sobre a aceitação de uma oferta pública de aquisição do controle geralmente são tomadas conjuntamente entre administradores e acionistas, sendo que aqueles têm o papel decisivo.

Já o sistema europeu, mais especificamente o britânico, caracterizado pelo capital disperso, concentra a decisão sobre a aceitação da oferta aos acionistas, devendo esses autorizar os administradores a tomarem medidas defensivas contra tal oferta, se for o caso.

Será, também, aventado o papel do órgão regulador, a Comissão de Valores Mobiliários ("CVM"), como responsável em regular, em fiscalizar, bem como em punir, em operações de oferta pública de aquisição de controle, as condutas que sejam danosas e que, como mencionado acima, assumem, cada vez mais, uma posição de destaque no mercado de fusões e aquisições de companhias de capital pulverizado.

Serão abordadas as principais alterações que a Instrução da CVM nº 487, de 25 de novembro de 2010 ("ICVM 487"), trouxe à Instrução da CVM nº 361, de 05 de março de 2002 ("ICVM 361"), demonstrando a preocupação da CVM em criar normas para os processos das ofertas públicas de aquisição de controle nessa nova realidade das companhias abertas brasileiras.

Subsequentemente, será discorrido a respeito da criação do Comitê de Aquisições e Fusões pela BM&FBOVESPA e da elaboração de seu código

---

[2] O conceito de acionista controlador, adotado neste trabalho, pode ser definido quando qualquer pessoa física ou jurídica, individualmente, ou grupo de pessoas vinculadas por acordo de voto ou por qualquer outro acordo, tem (a) a capacidade, seja por meio da titularidade, direta e/ou indireta, de valores mobiliários com direito a voto, de eleger a maioria do conselho de administração ou de órgão semelhante da controlada e (b) a titularidade direta e/ou indireta de direitos que assegurem, de modo permanente, à controladora a maioria dos votos nas assembleias gerais ou em órgão semelhante da controlada.

INTRODUÇÃO

de autorregulação pelo jurista Nelson Eizirik, com o grupo de trabalho formado pela própria BM&FBOVESPA, pela Associação de Investidores no Mercado de Capitais ("AMEC"), pelo Instituto Brasileiro de Governança Corporativa ("IBGC") e pela Associação das Entidades dos Mercados Financeiro e de Capitais ("ANBIMA"), com o objetivo de estabelecer princípios e regras adicionais àqueles que já decorrem da lei e da regulamentação no que se refere às ofertas públicas de aquisição de ações, bem como às reorganizações societárias envolvendo companhias abertas.

Finalmente, serão analisados dois precedentes de aquisição de controle de companhias de capital pulverizado no Brasil: Sadia *v*. Perdigão e o Caso GVT, assim como os problemas e os conflitos experimentados em tais operações, tendo em vista a regulação coerente apenas com o sistema de capital concentrado.

Em suma, diante do surgimento de um grande número de companhias sem controlador majoritário e das diversas e recentes transformações no mercado de controle acionário, busca-se com este trabalho o estudo da regulamentação jurídica aplicável às operações em voga no Brasil.

I.1. O desenvolvimento do direito do mercado de capitais brasileiro nos anos 2000

O desenvolvimento do mercado de capitais brasileiro no início da década passada, mais precisamente a partir de 2004[3], após um período de estagnação[4], apresentou-se como uma alternativa efetiva e competitiva de financiamento das companhias, que obtiveram grandes captações de recursos mediante ofertas públicas primárias e secundárias.

---

[3] De acordo com a tabela elaborada por CARVALHOSA, Modesto. *Comentários à Lei das Sociedades Anônimas*. V. 1, 5ª Ed. São Paulo: Editora Saraiva, 2007, p. 68, no ano de 2004, foram realizadas nove ofertas públicas iniciais e doze ofertas públicas secundárias de ações, que resultaram na captação de R$9.152.552.941, sendo que em 2003, o valor captado foi aproximadamente quatro vezes e meia inferior ao de 2004. Verifica-se também que em 2005, foram realizadas treze ofertas públicas iniciais e 15 ofertas públicas secundárias, que resultaram na captação de R$10.999.119.786. Foram realizadas mais ofertas públicas iniciais de ações em 2005 do que no período compreendido entre 2001 e 2003.

[4] O Brasil passava por um momento de elevadas taxas de juros, de sucessivas crises econômicas internas e internacionais, de risco político, de insegurança jurídica, entre outros. Para maiores detalhes, vide trabalho de BLACK, Bernard S. Strengthening. *Brazil's securities markets*. In RDM, No. 120, p. 41-55.

Uma série de fatores possibilitou o desenvolvimento do mercado de valores mobiliários brasileiro, dentre eles, a estabilidade da economia brasileira, aliada ao período de grande liquidez internacional, propiciando o investimento de recursos nos países emergentes até o fim da década de 2010, os quais, certamente, influenciaram na evolução do mercado acionário brasileiro.

Foi nesse cenário de retomada do crescimento econômico no Brasil, com o início da queda das elevadas taxas de juros no país[5], que surgiram diversas iniciativas da sociedade civil e do Estado para o fortalecimento dos direitos dos acionistas minoritários, de modo a estabelecer maior equilíbrio no relacionamento entre acionistas minoritários e controladores.

Pode-se destacar que um dos grandes avanços para tanto foi a criação pela BM&FBOVESPA dos segmentos de governança corporativa em 2001[6]. A ideia básica da BM&FBOVESPA, mais especificamente com a implementação do Novo Mercado[7], foi prever padrões diferenciados de exigências jurídicas e práticas de "governança corporativa" que permitissem aos investidores escolher a combinação que mais lhes interessasse de solidez econômica e de garantias jurídicas. Segundo Calixto Salomão Filho[8]:

> *"(...) o que se procurou na verdade foi criar novos 'produtos' que conjugassem em diferentes medidas solidez financeira e práticas diferenciadas de governança corporativa. Foi exatamente essa mistura e a possibilidade de competir por padrões jurídicos que permitiu uma exaltação até então inexistente no mercado brasileiro de boas práticas éticas e jurídicas (...)"*

---

[5] Cf. SANTANA, Maria Helena. *O Novo Mercado por Maria Helena Santana* – Capítulo integrante da publicação *Focus Novo Mercado and its Followers: Case Studies in Corporate Reform*, disponível em *http://www.bmfbovespa.com.br/pt-br/a-bmfbovespa/download/Focus5.pdf*. Acesso em 10.01.2011.

[6] Segmento-padrão, Níveis 1 e 2 e segmento diferenciado denominado Novo Mercado.

[7] Os níveis diferenciados de governança corporativa criados pela BM&FBOVESPA atraíram quase 140 novas companhias nos últimos oito anos, que movimentaram, com as empresas que já eram abertas, cerca de R$370 bilhões em ofertas de ações. Ainda, o Novo Mercado passou a chamar atenção também das companhias que já eram abertas e estavam listadas no segmento tradicional. Em abril de 2012 com 125 companhias, o Novo Mercado contava com 22 empresas provenientes de migrações, sendo que as demais foram resultado de processos de aberturas de capital, conforme apurou o jornal "Valor Econômico", na edição de 10 de abril de 2012, divulgado em matéria intitulada *Bolsa reforça critérios para Novo Mercado*.

[8] SALOMÃO FILHO, Calixto. *O novo Direito Societário*, 4ª Ed. São Paulo: Malheiros, p. 68.

INTRODUÇÃO

A BM&FBOVESPA, por meio de um modelo de autorregulação voluntária, teve a intenção de propiciar ao mercado ambientes de negociação que atraíssem o interesse dos investidores e que valorizassem as companhias neles listadas, conforme expõe Roberta Nioac Prado[9]:

> *"(...) Tal realidade fez chegar ao Brasil uma onda de recursos que foram aqui internados em busca de novos e promissores negócios. Grande parte desse fluxo de investimento – fundamentalmente aqueles que se deram via aportes de recursos nas companhias, para a aquisição de valores mobiliários negociados em Bolsa de Valores – foi facilitada pelo Novo Mercado da BM&FBOVESPA, um segmento especial de listagem que tem por base um contrato privado, através do qual a companhia que queira abrir seu capital e acessar a poupança pública nesse segmento adere voluntariamente. Tal contrato, denominado de Regulamento de Listagem, tem como foco fundamental a previsão de melhores regras de governança corporativa, maiores direitos e garantias de interesses de investidores do que o previsto na Lei Societária de 1976. E foi justamente esse diferencial de governança que ajudou o segmento do Novo Mercado a obter enorme sucesso, superando as previsões mais otimistas, tanto do ponto de vista de intensidade e força de consolidação quanto do ponto de vista de velocidade de crescimento."*

Com efeito, o principal resultado da criação do Novo Mercado e dos demais níveis de governança corporativa foi fazer com que as ações que fossem emitidas pelas companhias que a eles aderiram se tornassem mais atrativas para o mercado, uma vez que, quanto mais elevado o grau de governança, maior o grau de segurança oferecido aos acionistas, bem como melhor a qualidade das informações prestadas pelas companhias.

Além da criação dos níveis diferenciados de governança corporativa, outras grandes iniciativas que corroboraram com o desenvolvimento do mercado de capitais brasileiro foram (i) a reforma da Lei das S.A. e da Lei 6.385, de 07 de dezembro de 1976, conforme alterada ("Lei do Mercado de Capitais"), em outubro de 2001; (ii) o aprimoramento da regulamentação da CVM e de outras autoridades reguladoras e (iii) as iniciativas privadas como a atuação do IBGC, da ABRASCA, da AMEC e da ANBIMA, dentre outras entidades que buscam implementar incentivos para a introdução de melhores práticas de governança corporativa no Brasil.

---

[9] PRADO, Roberta Nioac. *Desconcentração do Poder de Controle e Poison Pills: Evolução no Mercado de Capitais Brasileiro*. In CASTRO, Rodrigo R. Monteiro de, AZEVEDO, Luís André N. de Moura, (coord.). Poder de controle e outros temas de direito societário e mercado de capitais. São Paulo: Quartier Latin, 2010, p. 382-383.

AQUISIÇÃO DE CONTROLE DE COMPANHIA DE CAPITAL PULVERIZADO

Destaca-se, nesse contexto, a reforma da Lei das S.A. com a promulgação da Lei nº. 10.303/2001. Dentre outras modificações, a reforma de 2001 estipulou: (i) a reintrodução do direito de venda conjunta (*tag along*) em caso de alienação do controle de companhia aberta (oferta obrigatória decorrente de alienação de controle de companhia aberta), que havia sido suprimido da Lei das S.A. em 1997[10]; (ii) a eleição de um membro do conselho de administração por acionistas titulares de ações preferenciais com mais de 10% do capital social[11]; (iii) a obrigatoriedade de se efetuar oferta pública mediante pagamento de preço justo, para o fechamento de capital de companhia[12]; (iv) o reforço do direito de recesso do acionista

[10] Cf. V. Eizirik, Nelson. *A Lei das S.A. Comentada*. V. III. São Paulo: Quartier Latin, 2011. p. 419 – 421, o art. 254, hoje revogado, condicionava a alienação de controle acionário de companhia aberta à prévia aprovação da CVM. O §1º do mesmo artigo atribuía à CVM a obrigação de zelar para que fosse assegurado tratamento igualitário aos acionistas minoritários, mediante a apresentação de oferta pública para a aquisição das ações de sua propriedade. A Lei nº 9.457/1997 revogou expressamente o art. 254, eliminando, do sistema jurídico brasileiro, a oferta obrigatória de aquisição de ações dos minoritários, decorrente da alienação do controle acionário de companhia aberta. Pode-se afirmar que o incentivo principal da supressão da obrigatoriedade da realização da oferta pública de aquisição de controle foi facilitar a privatização das companhias submetidas a controle estatal, permitindo que o Estado se apropriasse de todo o prêmio de controle que seria pago na venda de tais companhias para investidores privados. Todavia, no período em que não havia mais a obrigatoriedade de se realizar a oferta pública obrigatória, foram realizadas diversas operações em que eram pagos ágios ao alienante do poder de controle, enquanto os minoritários recebiam preços significativamente mais baixos. Dessa forma, passou-se a defender a reintrodução na Lei das S.A. do disposto no antigo art. 254, para garantir maior proteção aos acionistas minoritários, o que foi feito, sob novas condições, por meio da Lei nº 10.303/2001. Dessa forma, a lei de 2001 introduziu na Lei das S.A. o art. 254-A, que determina que o adquirente do poder de controle deve pagar aos minoritários preço no mínimo igual a 80% do valor pago por ação integrante do bloco de controle.

[11] Art. 141 (...) § 4º da Lei das S.A: "Terão direito de eleger e destituir um membro e seu suplente do conselho de administração, em votação em separado na assembleia geral, excluído o acionista controlador, a maioria dos titulares, respectivamente: I – de ações de emissão de companhia aberta com direito a voto, que representem, pelo menos, 15% (quinze por cento) do total das ações com direito a voto; e II – de ações preferenciais sem direito a voto ou com voto restrito de emissão de companhia aberta, que representem, no mínimo, 10% (dez por cento) do capital social, que não houverem exercido o direito previsto no estatuto, em conformidade com o art. 18".

[12] Art. 4º (...) § 4º da Lei das S.A.: "O registro de companhia aberta para negociação de ações no mercado somente poderá ser cancelado se a companhia emissora de ações, o acionista

INTRODUÇÃO

minoritário dissidente de deliberações assembleares[13] e (v) a possibilidade de resolução de conflitos por arbitragem[14].

Essas mudanças, principalmente a proposta do Novo Mercado da BM&FBOVESPA, aprimoraram em três bases principais os direitos dos acionistas minoritários, de modo a atrair investidores para o mercado de capitais brasileiro.

Segundo Calixto Salomão Filho[15], a primeira delas diz respeito ao direito da informação (podendo ser aqui citados a publicidade dos atos societários, dos fatos relevantes, das demonstrações financeiras e dos formulários de referência)[16]; a segunda delas trata de garantias patrimoniais no momento do exercício do direito de retirada[17] da sociedade pelo acionista minoritário e a terceira delas refere-se a proteções estruturais, que são de duas ordens: previsão de que sociedades listadas no Novo Mercado

controlador ou a sociedade que a controle, direta ou indiretamente, formular oferta pública para adquirir a totalidade das ações em circulação no mercado, por preço justo, ao menos igual ao valor de avaliação da companhia, apurado com base nos critérios, adotados de forma isolada ou combinada, de patrimônio líquido contábil, de patrimônio líquido avaliado a preço de mercado, de fluxo de caixa descontado, de comparação por múltiplos, de cotação das ações no mercado de valores mobiliários, ou com base em outro critério aceito pela Comissão de Valores Mobiliários, assegurada a revisão do valor da oferta, em conformidade com o disposto no art. 4º-A".

[13] Art. 137 da Lei das S.A.

[14] Art. 109 (...) § 3º da Lei das S.A.: "O estatuto da sociedade pode estabelecer que as divergências entre os acionistas e a companhia, ou entre os acionistas controladores e os acionistas minoritários, poderão ser solucionadas mediante arbitragem, nos termos em que especificar".

[15] Cf. SALOMÃO FILHO, Calixto. O novo Direito Societário, 4ª Ed. São Paulo: Malheiros, p. 57-59.

[16] A Seção VI do Regulamento do Novo Mercado prevê direitos adicionais como apresentação trimestral das demonstrações financeiras; realização de reuniões públicas para divulgação de informações sobre a situação econômico-financeira da companhia; projeções e perspectivas; divulgação de calendário anual de eventos corporativos; divulgação de informações de todo e qualquer contrato celebrado entre a companhia e suas controladas e coligadas, seus administradores, seu acionista controlador, bem como entre a companhia e sociedades controladas e coligadas dos administradores e do acionista controlador.

[17] São exemplos clássicos de direito de retirada os previstos nos arts. 137, 221, 230, 256, §2º e 270 da Lei das S.A. e as ofertas públicas de aquisição de ações para cancelamento de registro de companhia aberta (art. 4º, §4º, da Lei das S.A.), por aumento de participação do controlador (art. 4º, §6º, da Lei das S.A.) e em decorrência da alienação do controle (art. 254-A da Lei das S.A.).

somente podem emitir ações ordinárias e previsão de resolução de conflitos oriundos do Novo Mercado por arbitragem.

Ressalta-se, todavia, que as referidas mudanças são jurídicas e não propriamente resultado de transformações econômicas do mercado de capitais. O que pode ser notado é que referidas regras jurídicas e princípios jurídicos e éticos parecem ser não só instrumentos importantes para o desenvolvimento do mercado de capitais, como também um meio eficaz de se prevenir ou, ao menos, reduzir o impacto de crises financeiras, especialmente as oriundas da falta de informação.

Atualmente, a estrutura da propriedade do capital das sociedades anônimas brasileiras continua sendo a do controle concentrado[18]. A composição do capital dominante tanto nas sociedades anônimas fechadas, como nas companhias abertas listadas no segmento-padrão e nos Níveis 1 e 2 da BM&FBOVESPA continua sendo a do controle majoritário.

No entanto, ao lado dessa estrutura atual, pode-se acompanhar o desenvolvimento de uma nova realidade, caracterizada pela dispersão do capital, daquelas companhias listadas no Novo Mercado em que vale a regra: uma ação – um voto (*one share – one vote*).

Estudos recentes, que analisaram a evolução da estrutura de controle e de propriedade das companhias brasileiras com ações negociadas em bolsa, confirmam uma redução da concentração de controle em tais companhias, com destaque para a redução do controle direto nas companhias listadas no Novo Mercado[19].

---

[18] Empresas de controle concentrado são aquelas que apresentam, em sua grande maioria, as seguintes características (não necessariamente de forma cumulada): (i) as ações negociadas em bolsa de valores apresentam estrutura de propriedade com forte concentração das ações com direito a voto (ordinárias) e com alto índice de emissão de ações sem direito a voto (preferenciais); (ii) controle familiar ou compartilhado por alguns poucos investidores, por meio de acordo de acionistas; (iii) presença de acionistas minoritários pouco ativos; (iv) decisões dos conselhos de administração totalmente voltadas aos interesses do acionista controlador e inexistência de conselheiros independentes e (v) ausência de comitês técnicos, como os de auditoria e de sucessão.

[19] Cf. GORGA, Érica. *Changing the paradigm of stock ownership: from concentrated towards dispersed ownership? Evidence from Brazil and consequences for emerging countries*. In: *American Law & Economics Annual 18th Association Meeting. Working paper 76*, 2008. Disponível em http://law.bepress.com/alea/18th/art76>. Acesso em 23.10.11. Cf. CANELLAS, Thiago Costa. *Evolução da estrutura de controle das empresas brasileiras listadas na Bovespa*: 2004-2006. Dissertação

INTRODUÇÃO

Ressalta-se que apesar da pulverização ser um fenômeno recente no mercado de capitais brasileiro, algumas companhias possuem estrutura de propriedade dispersa, como a Lojas Renner S.A., BM&FBOVESPA, Odontoprev S.A., Banco Santander (Brasil) S.A. e Embraer S.A. A estrutura de capital disperso[20] – e a possível transição da propriedade nas companhias brasileiras abertas – implica o surgimento de novos desafios e de diversos entraves, os quais não se apresentam quando há a figura do acionista controlador.

A regulação societária brasileira, então, passa a lidar com novas problemáticas e institutos típicos das companhias de capital pulverizado, para os quais precisa e busca dar respostas adequadas.

I.2. A pulverização do capital acionário no Brasil

As *public companies* ou *corporations*[21], atualmente, são uma realidade nos Estados Unidos e no Reino Unido, enquanto no Brasil, como já aventado, tais composições acionárias são minoria, ainda em desenvolvimento.

Uns dos primeiros estudos realizados sobre concentração acionária no Brasil foi feito em 1985 pela Superintendência de Projetos e Estudos Econômicos da Comissão de Valores Mobiliários, no qual foi analisado o controle acionário de 456 companhias, representativas de 90% do patrimônio líquido do total das companhias brasileiras abertas. Concluiu-se que apenas 15,13% do total das companhias analisadas apresentavam um controle diluído e que o percentual médio de controle das companhias era exercido com 69,81% das ações ordinárias[22].

(Mestrado em Administração) – Universidade Federal do Rio de Janeiro – UFRJ, Instituto de Pós-Graduação em Administração – COPPEAD, 2008. Ricardo P.C. Leal (Orient.). Cf. MUNHOZ, Eduardo Secchi. *Transferência de controle nas companhias sem controlador majoritário.* In CASTRO, Rodrigo R. Monteiro de, AZEVEDO, Luís André N. de Moura, (coord.). Poder de controle e outros temas de direito societário e mercado de capitais. São Paulo: Quartier Latin, 2010, p. 285-324.

[20] O art. 137, II, 'b' da Lei das S.A., define o conceito legal de dispersão, da seguinte forma: "dispersão, quando o acionista controlador, a sociedade controladora ou outras sociedades sob seu controle detiverem menos da metade da espécie ou classe de ação".

[21] Companhias cujas ações são detidas por inúmeros acionistas, sem que nenhum possua parcela efetiva do capital social capaz de garantir o controle.

[22] Cf. EIZIRIK, Nelson. *O mito do "controle gerencial" – alguns dados empíricos.* In RDM, n 66, p. 104-105. Vide abaixo estudo completo:

AQUISIÇÃO DE CONTROLE DE COMPANHIA DE CAPITAL PULVERIZADO

Em 2003, a Organização para Cooperação e Desenvolvimento (OCDE) divulgou um relatório, com dados referentes a 2002, demonstrando que de 459 companhias abertas brasileiras analisadas, o percentual médio de participação no capital social do maior acionista era de 51%, enquanto os três e os cinco maiores acionistas eram detentores de, respectivamente, 65% e 67% das ações das companhias[23].

Os mencionados estudos concluíram que, no início dos anos 2000, a estrutura do capital acionário das companhias abertas era concentrada, prevalecendo o controle exercido por famílias. Nesse cenário, o controle indireto e os acordos de acionistas eram, frequentemente, utilizados como mecanismos para garantia da posição de controle, a partir de uma participação menor do capital votante da companhia.

Já a partir de 2004, com o crescimento das ofertas primárias de ações no âmbito do Novo Mercado, a realidade do mercado de capitais passou por uma significativa transformação. Segundo Eduardo Munhoz[24]:

"(...) A estrutura de propriedade de capital e de controle de companhias listadas no Novo Mercado (em 2010, eram 113) é substancialmente distinta da apresentada pelas companhias que integram o segmento tradicional, e mesmo o Nível 1 e o Nível 2 da

Intervalo	Número de Companhias	% do total	% Acumulado
0 ou sem controle	0	0	0
01-10	0	0	0
11-20	5	1,10	1,10
21-30	6	1,32	2,42
31-40	21	4,60	7,02
41-50	37	8,11	15,13
51-60	77	16,88	32,01
61-70	74	16,23	48,24
71-80	75	16,45	64,69
81-90	76	16,67	81,36
91-100	85	18,64	100,00
Total	**456**	**100,00**	**100,00**

[23] Relatório Oficial sobre Governança Corporativa na América Latina, 2003. Disponível em http://www.oecd.org/daf/corporate -affairs/. Acesso em 01.10.2011, p. 54.

[24] MUNHOZ, Eduardo Secchi. *Aquisição de Controle na Sociedade Anônima*. São Paulo: Saraiva, 2013, p. 103.

INTRODUÇÃO

BM&FBOVESPA. Há, no universo das companhias do Novo Mercado, uma inegável tendência à dispersão do capital acionário, em nível nunca antes imaginado no Brasil".

A respeito da dispersão acionária no mercado de capitais brasileiro, especificamente com relação às companhias listadas no Novo Mercado da BM&FBOVESPA, Érica Gorga, em 2008, realizou uma análise experimental sobre a matéria[25]. Diante de dados atualizados até o fim de 2007 e de critérios específicos para determinação das companhias com controlador e companhias sem controlador, Érica Gorga chegou às seguintes conclusões.

De um total de 92 companhias listadas no Novo Mercado, 65 delas eram destituídas de controlador majoritário. Nessas companhias, em média, o maior acionista era titular de 26,23% das ações, os três maiores acionistas eram titulares de 47,28% das ações e os cinco maiores eram titulares de 54,73% das ações. Tendo em vista o universo total de companhias listadas no Novo Mercado, em média, o maior acionista era titular de 36,39% das ações[26].

Esses dados foram relativizados pela consideração dos efeitos causados pelos acordos de acionistas, comuns na maior parte dessas companhias. Ao analisar o efeito dos acordos de acionistas, o estudo mostrou que 20 das 65 companhias anteriormente classificadas como sem acionista controlador possuem um bloco de acionistas que exerce o controle de forma majoritária. Nessas 20 companhias, o bloco de controle era titular em média de 65,27% das ações, ao passo que a participação média do maior acionista, sem considerar o efeito desses acordos, era de apenas 28,06% das ações. Dessa forma, o número de companhias sem controlador majoritário diminuiu de 65 para 45, do total de 92 companhias listadas à época no Novo Mercado.

Quanto à identificação dos principais acionistas das companhias brasileiras, o estudo mostrou que as empresas familiares ainda são dominantes, observando-se crescente aumento da participação de investidores estrangeiros.

---

[25] Cf. GORGA, Érica. *Changing the paradigm of stock ownership: from concentrated towards dispersed ownership? Evidence from Brazil and consequences for emerging countries. In: American Law & Economics Annual 18th Association Meeting. Working paper* 76, 2008, p. 69. Disponível em http://law. bepress.com/alea/18th/art76>. Acesso em 23.10.11.
[26] *Idem*, tabela 8, p. 86.

AQUISIÇÃO DE CONTROLE DE COMPANHIA DE CAPITAL PULVERIZADO

Finalmente, Érica Gorga concluiu, em seus estudos, que a grande parte das companhias listadas no Novo Mercado é organizada por seus acionistas detentores das maiores participações acionárias, por meio de acordo de acionistas (controle em bloco).

Outro estudo realizado por Alexandre di Miceli da Silveira[27], coordenador do Centro de Estudos de Governança (CEG) da Fipecafi, em 2009, analisou a estrutura de propriedade acionária das companhias brasileiras de capital aberto (todas as empresas listadas na BM&FBOVESPA, mas não apenas as do Novo Mercado) e constatou que, 90% das empresas listadas possuem controle majoritário, cerca de 9% das empresas listadas possuem o chamado controle minoritário e cerca de 1% das empresas listadas possuem o controle gerencial (capital pulverizado).

As companhias de capital pulverizado trazem, também, novas situações até então pouco vistas no Brasil, como os processos de *takeovers* ou tomadas de controle.

Quando a companhia tem o capital concentrado, a transação pelo controle se dá de forma negociada com o acionista controlador. Em um cenário de capital pulverizado, todavia, as companhias com maior liquidez no mercado podem ser alvo de tais processos.

Quando o controle acionário é adquirido mediante oferta pública de aquisição de controle, essa poderá ser dirigida à totalidade dos acionistas da companhia-alvo, com a concordância do acionista minoritário, se houver, e dos administradores em caso de aquisições amigáveis, ou ainda sem a concordância desses últimos no caso de aquisições hostis (não consensuais).

Por outro lado, a aquisição de controle de companhia aberta de capital pulverizado, conforme mencionado, poderá ser aquela realizada mediante uma série de ofertas privadas direcionadas a cada um dos acionistas da companhia-alvo.

---

[27] Cf. SILVEIRA, Alexandre di Miceli da. *Governança Corporativa no Brasil e no mundo:* teoria e prática. Rio de Janeiro: Elsevier, 2010, p. 183. Na análise, o autor define (i) controle majoritário como aquele em que o maior acionista ou grupo de controle detém mais de 50% das ações com direito a voto; (ii) controle minoritário como aquele em que o maior acionista ou grupo de controle detém menos do que 50% das ações com direito a voto, porém exerce controle de fato na gestão da companhia e (iii) controle gerencial como aquele em que o maior acionista ou grupo coeso de acionistas detém menos de 5% das ações com direito a voto.

INTRODUÇÃO

Essa forma de aquisição de controle é conhecida como "escalada" em bolsa de valores e possibilita que o ofertante adquira as ações necessárias para alcançar a maioria do capital pelo valor de sua cotação no mercado.

A escalada acionária configura-se pela aquisição progressiva de pequenos lotes de ações em bolsa de valores, até que o adquirente compre ações em quantidade suficiente para obter o poder de controle. Nas palavras de Roberta Nioac Prado[28], escalada acionária é:

> "(...) mecanismo de aquisição de controle acionário, que consiste na aquisição progressiva, em Bolsa de Valores (mercado secundário) e, eventualmente, em contratações privadas com acionistas minoritários, de participações acionárias votantes de emissão da companhia aberta cujo controle se pretende adquirir, pela pessoa, ou grupo de pessoas, físicas ou jurídicas, até que esta(s) adquira(m) número suficiente de ações com direito a voto para efetivamente exercer o controle desta companhia aberta."

Por não serem ofertas públicas (i) dificultam que administradores e acionistas da companhia-alvo, eventualmente, tomem medidas contrárias à transferência de controle e (ii) impedem o surgimento de ofertas concorrentes, as quais, sem dúvidas, aumentariam o custo de aquisição do ofertante.

Em alguns casos, a aquisição do controle por meio da "escalada" em bolsa de valores poderá ser vantajosa para o adquirente, por exemplo, em um momento de depreciação dos preços no mercado. Todavia, em regra, não o será para a companhia-alvo, para seus acionistas, para os *stakeholders*[29] e para o mercado em geral, até mesmo porque a escalada em bolsa não obriga o adquirente a realizar uma oferta pública *a posteriori* pelas ações dos demais acionistas minoritários. Consequentemente, nenhum prêmio de controle é distribuído aos acionistas[30].

Com efeito, por se tratar de ofertas de compra que não são públicas, a "escalada" em bolsa de valores traz insegurança ao mercado e, se con-

---

[28] Cf. PRADO, Roberta Nioac. *Oferta Pública de Ações Obrigatórias nas S.A. – Tag Along*. São Paulo: Quartier Latin, 2005, p. 70.

[29] Considera-se por *stakeholders* as pessoas afetadas com as atividades da empresa, tais como trabalhadores, credores, fornecedores e consumidores.

[30] O art. 254-A da Lei das S.A. determina que referida OPA ocorra somente nos casos de "alienação, direta ou indireta, do controle de companhia aberta". A lei, ao determinar a obrigatoriedade da OPA, pressupõe que quem aliena já possuía o poder de controle. No entanto, a escalada acionária é uma forma de aquisição originária do poder de controle.

cretizada, leva a uma mudança radical e não planejada das decisões e da administração da companhia-alvo.

No Brasil, a aquisição de controle por meio da "escalada" se tornou, basicamente, inviável diante das alterações estatutárias que quase a totalidade das companhias abertas de capital pulverizado fez para dispor sobre a obrigação do adquirente de um determinado percentual de ações, seja por meio de uma ou de mais operações, realizar a oferta pública de aquisição de ações dos demais acionistas da companhia–alvo, por preços altos. Como bem pondera Luís André N. de Moura Azevedo[31], é usual que os estatutos sociais também disponham sobre a possibilidade de suspensão dos direitos de voto das ações adquiridas, quando correspondentes a um determinado percentual do capital votante da companhia-alvo, de acordo com o art. 120 da Lei das S.A., o que constitui outra dificuldade para a aquisição do controle por meio da "escalada" em bolsa de valores.

Além disso, a Instrução da CVM nº 358, de 03 de janeiro de 2002 ("ICVM 358"), em seu art. 12, prevê que qualquer pessoa ou grupo de pessoas, agindo em conjunto ou representando um mesmo interesse, que atingir participação, direta ou indireta, correspondente a 5% (cinco por cento) ou mais de espécie ou classe de ações representativas do capital de companhia aberta, deve enviar declaração à CVM e, se for o caso, à bolsa de valores e à entidade de mercado de balcão organizado em que os valores mobiliários de emissão da companhia sejam admitidos à negociação.

O §1º do mesmo dispositivo dispõe, ainda, que está igualmente obrigada à divulgação das mesmas informações a pessoa ou grupo de pessoas representando um mesmo interesse, titular de participação acionária igual ou superior a 5% (cinco por cento) ou mais de determinada espécie ou classe de ações representativas do capital de companhia aberta, a cada vez que a referida participação se eleve em 5% (cinco por cento).

Além dessa obrigação de informar, a ICVM 361, conforme alterada pela ICVM 487, refere-se, em seu art. 26, ao percentual mínimo de dispersão de até 1/3 (um terço) do total de cada espécie ou classe de ações em circulação. Assim, uma vez ultrapassado o limite de 1/3 (um terço) das ações em circulação, o controlador, pessoa a ele vinculada e outras pessoas que

---

[31] Cf. AZEVEDO, Luís André N. de Moura. *A oferta pública para aquisição de controle sob a perspectiva da companhia aberta ofertante.* In CASTRO, Rodrigo R. Monteiro de; ARAGÃO, Leandro Santos de (Coord.). *Sociedade Anônima: Desafios Atuais.* São Paulo: Quartier Latin, 2009, p. 83.

INTRODUÇÃO

atuem em conjunto com o acionista controlador ou pessoa a ele vinculada só poderão realizar novas aquisições de ações por meio de oferta pública de aquisição de ações por aumento de participação, conforme previsto no §6º do referido art. 26 da ICVM 361.

Ainda, os Regulamentos do Novo Mercado, do Nível 1 e do Nível 2 da BM&FBOVESPA estabelecem que o percentual mínimo de ações que deve estar em circulação no mercado deverá corresponder a, pelo menos, 25% (vinte e cinco por cento) do capital social da companhia.

Diante do exposto, pode-se afirmar que as ofertas públicas de aquisição de controle são vistas não só como convenientes à estrutura do mercado de capitais brasileiro, como também são a alternativa aparentemente mais vantajosa a todos os participantes da operação, uma vez que (i) estabelecem um procedimento organizado para a aquisição do controle, possibilitando que os acionistas decidam sobre a questão, sem enfrentar pressão ou coerção para vender suas ações e (ii) são dirigidas a todos os acionistas da companhia-alvo, com total transparência das condições da oferta, garantindo um tratamento igualitário aos acionistas minoritários.

II.
Oferta Pública para Aquisição de Controle

Neste Capítulo II, será abordada, especificamente, a oferta pública de aquisição de controle. Discorrer-se-á sobre: (i) o poder de controle; (ii) a origem e o histórico das ofertas públicas de aquisição de controle; (iii) sua definição e sua natureza jurídica; (iv) as regras gerais aplicáveis; (v) a participação de instituição financeira; (vi) o instrumento da oferta pública de aquisição de controle; (vii) o sigilo e o dever de informar; (viii) a aplicação e os efeitos do instituto da oferta pública de aquisição de controle e (ix) a viabilização financeira da oferta pública de aquisição de controle.

II.1. Poder de Controle

José Luiz Bulhões Pedreira define o poder de controle como *"modalidade de poder exercida pelo acionista (ou grupo de acionistas), pessoa natural ou jurídica, que é titular de direitos de voto suficientes para formar a maioria nas Assembleias Gerais. É poder de fato, e não jurídico"*[32].

Fábio Konder Comparato e Calixto Salomão Filho caracterizam o poder de controle como um poder originário, uno ou exclusivo e geral[33]. Originário, porque não deriva de outro, nem se funda em nenhum outro; uno

---

[32] Cf. Bulhões Pedreira, José Luiz. *Alienação de Controle de Companhia Aberta*. In Lamy Filho, Alfredo; Bulhões Pedreira, José Luiz. *A Lei das S.A.* V. 2, 2ª Ed. Rio de Janeiro: Renovar, 1996, p. 620.

[33] Cf. Comparato, Fábio Konder; Salomão Filho, Calixto. *O Poder de Controle na Sociedade Anônima*. 5ª Ed. Rio de Janeiro: Forense, 2008, p. 49.

ou exclusivo, porque não admite concorrentes e geral, porque é exercido em todos os setores.

Postas essas definições preliminares de conceitos, é importante examinar as duas formas de manifestação do poder de controle na sociedade anônima, seja como controle interno, seja como controle externo.

No controle interno, o detentor do poder de controle age dentro da sociedade, considerando os mecanismos de poder próprios da estrutura societária, notadamente, a deliberação da assembleia geral e a representação nos órgãos de administração.

Já no controle externo, o poder de controle pertence a uma ou a mais pessoas, que não fazem parte dos órgãos sociais e atuam fora da sociedade. Pode ser definido como a forma de controle de determinada sociedade por alguém externo à sociedade, como ocorre com credores e, eventualmente, por um fornecedor específico. O credor ou o fornecedor, assim, exerce uma influência dominante sobre a sociedade, a ponto de interferir nos rumos das atividades sociais[34].

José Luiz Bulhões Pedreira e Alfredo Lamy Filho resumem que, no controle externo, a maior influência sobre a companhia dá-se *"com fundamento em contratos desta com terceiros ou de poder cuja fonte são as relações de participação nos mercados"*[35].

O famoso estudo de Berle e Means[36] propôs a seguinte divisão para o controle interno da sociedade anônima: (i) controle quase totalitário; (ii) controle majoritário; (iii) controle minoritário; (iv) controle gerencial e (v) controle mediante expedientes legais; esse último suprimido por Fábio Konder Comparato.

Serão consideradas, neste trabalho, as subdivisões de controle interno acima, considerando-se a proposta de Berle e Means, com a exclusão da última subdivisão sugerida por Fábio Konder Comparato.

---

[34] Em situações de endividamento da sociedade, a ideia de controle externo aparece com mais clareza, notadamente porque o credor, dotado do poder de executar o seu crédito e levar a sociedade à falência, passa, muitas vezes, a dominar a devedora, comandando a sua exploração comercial. Há casos ainda mais graves em que a sociedade devedora assina um contrato de empréstimo com algum banco onde as ações dos controladores são entregues a título de garantia, ficando caucionadas junto à instituição financeira.

[35] Cf. LAMY, Alfredo Filho & PEDREIRA, José Luiz Bulhões (Coord.). *Direito das Companhias.* Vs. 1-2. Rio de Janeiro: Forense, 2009, p. 831.

[36] Cf. BERLE, Adolf; MEANS, Gardiner C. *The modern corporation and private property.* 9ª Ed. New Brunswic/New Jersey: Transaction Publishers, 2007, p.67.

A primeira subdivisão criada por Berle e Means é baseada na titularidade de quase a totalidade das ações de emissão da companhia. Nessa situação, o detentor do controle quase totalitário pode decidir, em geral, pelas matérias deliberadas em assembleia geral, uma vez que a Lei das S.A. tem como premissa que as deliberações da assembleia geral são aprovadas pela maioria dos votos (art. 129), exceto em determinados casos previstos na própria Lei das S.A., como a alteração do projeto do estatuto social na fase constitutiva da sociedade ou a cisão parcial desproporcional.

No que tange ao controle majoritário, o qual é exercido por acionista ou por grupo de acionistas que, isolada ou conjuntamente, detém mais da metade do capital votante da companhia, assegurando-lhe o poder de controle, é atualmente consagrado pela legislação brasileira e predominante no mercado, conforme demonstrado na introdução deste estudo.

O poder de controle majoritário poderá ser exercido isoladamente por um único acionista detentor da maioria das ações votantes da companhia ou em conjunto, usualmente estabelecido por meio de convenções de voto estabelecidas em acordo de acionistas ou pelo controle compartilhado.

Já o controle minoritário é aquele exercido por acionista ou por grupo de acionistas que, isolada ou conjuntamente, detém uma quantidade de ações inferior à metade do capital votante da companhia, o que ocorre, usualmente, em casos de dispersão acionária. Dessa forma, o poder de controle poderá ser exercido por alguém que detenha menos do que a metade do capital votante da companhia, porém que exerça controle de fato na gestão da companhia.

Muito embora o controle minoritário seja eficiente e o seu detentor possa utilizar-se dos mesmos direitos dos titulares do poder de controle quase que totalitário e do poder de controle majoritário, há determinadas matérias[37] que, por lei, apenas poderão ser aprovadas mediante quórum específico de aprovação; há matérias, então, em que o detentor do poder

---

[37] O art. 136 da Lei das S.A. estabelece a necessidade de aprovação de acionistas que representam metade, no mínimo, das ações com direito a voto para deliberação sobre: (i) criação de ações preferenciais ou aumento de classe de ações preferenciais existentes, sem guardar proporção com as demais classes de ações preferenciais, salvo se já previstos ou autorizados pelo estatuto; (ii) alteração nas preferências, vantagens e condições de resgate ou amortização de uma ou mais classes de ações preferenciais, ou criação de nova classe mais favorecida; (iii) redução do dividendo obrigatório; (iv) fusão da companhia, ou sua incorporação em outra; (v) participação em grupo de sociedades (art. 265); (vi) mudança do objeto da companhia; (vii)

de controle minoritário não poderá aprovar sem o voto dos demais acionistas da companhia.

Diferentemente das formas de poder de controle acima mencionadas, no controle gerencial os administradores assumem o poder de controle em consequência da grande dispersão das ações no mercado e da ausência de acionistas com participações relevantes.

Com efeito, o controle administrativo (*management control*), como é conhecido o controle gerencial nos Estados Unidos, é aquele que não se fundamenta na participação acionária, mas sim em prerrogativas de poder em relação à companhia decorrentes do exercício de funções diretivas[38].

João Pedro Barroso do Nascimento[39] ensina que, nesse caso de controle gerencial o que ocorre, na maioria das vezes, é a autoperpetuação dos administradores da companhia, a qual é realizada por meio da *proxy gathering machine* ou *proxy machinery*, que consiste em pedidos públicos de procuração realizados pelos administradores aos acionistas da companhia[40].

Tais pedidos públicos de procuração criam impactos positivos na companhia com controle gerencial, tais como (i) alternativa à participação dos acionistas na tomada de decisão; (ii) redução dos custos de agência, relacionados, principalmente, aos custos de monitoramento e de oportunismo dos administradores e (iii) maior *disclosure* nas companhias.

1.2. Origem e Histórico

A origem do instituto das ofertas públicas se deu na Inglaterra, onde as *takeover bids* são reguladas pelo *Companies Act* de 1929, tornando-se mais frequentes na década de 1950[41].

No entanto, foi nos Estados Unidos, que as *tender offers* desenvolveram-se de forma mais rápida e profunda e passaram a ter maior destaque na década de 1980, tornando-se tal década conhecida como a *"deal decade"*.

---

cessação do estado de liquidação da companhia; (viii) criação de partes beneficiárias; (ix) cisão da companhia e (x) dissolução da companhia.

[38] Cf. NASCIMENTO, João Pedro Barroso. *Medidas Defensivas à Tomada de Controle de Companhias*. São Paulo: Quartier Latin. 2011, p. 42 – 43.

[39] *Idem*. p. 43.

[40] Os pedidos públicos de procuração estão regulados em nosso ordenamento jurídico no art. 126, §2º, da Lei das S.A. e a CVM editou, em 2009, a Instrução CVM nº 481 tratando das informações e dos pedidos públicos de procuração para exercício do direito de voto.

[41] Cf. COMPARATO, Fábio Konder. *Aspectos jurídicos da Macroempresa*. São Paulo: RT, 1970, p.33.

OFERTA PÚBLICA PARA AQUISIÇÃO DE CONTROLE

Após a Segunda Guerra Mundial e o fortalecimento das economias americana e inglesa, determinados investidores passaram a diversificar os setores em que investiam, a fim de mitigar certos riscos inerentes a determinados setores de atuação na economia, originando o movimento de formação de conglomerados. Tais conglomerados se formavam por meio de operações amigáveis (consensuais) ou hostis (não consensuais).

Nos Estados Unidos, a partir da década de 1960, o interessado em adquirir o controle de determinada companhia realizava a oferta pública de aquisição de um percentual de seu capital, mediante pagamento em dinheiro (*Saturday Night Special*). Tais ofertas para aquisição de controle eram geralmente realizadas em sextas-feiras, por preços consideravelmente maiores aos valores de cotação das ações da companhia-alvo em bolsa de valores.

O objetivo das *Saturday Night Special* era compelir os acionistas da companhia-alvo a aceitar a oferta no início da semana seguinte, visto que o pagamento era realizado à vista, em dinheiro[42] e na ordem da aceitação da oferta pelos acionistas, sendo certo que a oferta estaria limitada à aquisição de percentual do capital da companhia-alvo suficiente para a aquisição do poder de controle.

O modelo da *Saturday Night Special* foi muito bem sucedido na medida em que forçava os acionistas da companhia-alvo a aderir à oferta pública, uma vez que aqueles que não a aderissem poderiam ser submetidos à incorporação após a tomada de controle, na qual as ações eram substituídas por ações sem liquidez no mercado (*junk bonds*).

Os administradores da companhia-alvo, muitas vezes, não estavam preparados para auxiliar os acionistas com medidas defensivas à oferta pública, que, de alguma forma, pudessem ajudá-los a resistir a ela, o que corroborava ainda mais com o sucesso das *takeovers* hostis.

Dessa forma, os Estados Unidos editaram a *Willians Act* de 1968, com o objetivo de por fim às ofertas classificadas como *Saturday Night Specials*, que, muito embora tenha contribuído para o encerramento da onda de tomadas hostis de controle, não solucionou todos os problemas relacionados às *takeovers* hostis.

Tais ofertas públicas hostis para a tomada de controle continuam existindo, mas o que se nota, de fato, é que os administradores das compa-

---

[42] Cf. MOORE, Andrew G.T. The Birth of Unocal: *A Brief History*. *Delaware Journal of Corporate Law*. V. 31, N. 3, p. 856-886, 2006. Disponível em: http://ssrn.com/abstract=946018. Acesso em 05.12.2011.

nhias-alvo passaram a deter mais tempo para orientar os acionistas com relação à oferta e até mesmo com relação a adotar medidas defensivas, em determinadas ocasiões, para resistirem às ofertas públicas hostis.

Essas ofertas se tornaram mais escassas, nos Estados Unidos, a partir da década de 1990, pois, dentre outros motivos, (i) houve mudança dos regimes jurídicos de estados norte-americanos, que alteraram leis e regras aplicáveis às medidas defensivas, eventualmente, adotáveis por companhias-alvo e (ii) os resultados financeiros obtidos pelo ofertante com o aumento da regulação das ofertas públicas foram reduzidos.

No Brasil, Modesto Carvalhosa[43] destaca que a primeira oferta pública hostil para a aquisição do controle de companhia aberta brasileira foi realizada pela Macrosul S.A., com o objetivo de tomar o controle da Sulbanco, por meio de anúncio da oferta pública publicado em outubro de 1971[44], em Porto Alegre – RS. Tal oferta fracassou e a Macrosul S.A. retirou a proposta realizada aos acionistas da Sulbanco.

O referido autor defende que tal oferta frustrada foi o que motivou a discussão sobre as ofertas públicas de aquisição de controle no Brasil e a consequente regulação da matéria pela Lei das S.A.

II. 3. Definição e Natureza Jurídica

A oferta pública de aquisição de controle é a forma pela qual uma pessoa natural ou jurídica, fundo ou universalidade de direitos, voluntariamente propõe, utilizando-se de meio de publicidade ou de esforço de aquisição, aos acionistas de uma companhia ou aos acionistas de determinada classe ou espécie de ações, a aquisição das respectivas ações em montante tal que lhe assegure o poder de controle da companhia-alvo da oferta[45].

---

[43] Cf. CARVALHOSA, Modesto. *Comentários à Lei das Sociedades Anônimas*. V. 4, t. II, 2ª Ed. São Paulo: Saraiva, 2009, p. 213.

[44] Na época não havia regulação no Decreto-Lei nº 2.627, de 1940 sobre aquisição de controle mediante oferta pública. Em 1978, portanto, já sob a vigência da Lei das S.A., houve a oferta pública de aquisição de controle lançada pela Companhia Força e Luz Cataguazes Leopoldina para a aquisição do controle da Companhia Mineira de Eletricidade, com a oferta pública concorrente formulada pela Companhia Energética de Minas Gerais (CEMIG). Sobre esses casos, vide CARVALHOSA, Modesto. *Comentários à Lei das Sociedades Anônimas*. V. 4, T. II, 2ª Ed. São Paulo: Saraiva, 2009, p. 213.

[45] Cf. OIOLI, Erik Frederico. *Oferta Pública de Aquisição do Controle de Companhias Abertas*. São Paulo: Quartier Latin. 2010, p. 82.

OFERTA PÚBLICA PARA AQUISIÇÃO DE CONTROLE

Alfredo Lamy Filho[46] destaca que:

"(...) oferta pública para aquisição de controle é negócio unilateral mediante o qual o ofertante faz oferta pública de ações (e não do bloco de controle) em número suficiente para formar o bloco de controle; não há nessa hipótese, alienação de controle, e sim aquisição originária do controle".

Nas palavras de Carlos Augusto da Silveira Lobo[47]:

"a oferta pública para a aquisição de controle de companhia aberta é uma proposta irrevogável de contratar a compra e venda ou a permuta de ações com direito a voto de uma companhia aberta, em quantidade suficiente para assegurar ao adquirente o controle da companhia, dirigida indistintamente a todos os titulares dessas ações por meio de publicação em jornal de grande circulação".

Nos casos em que a maioria das ações com direito a voto encontra-se em circulação, o poder de controle pode ser adquirido por meio da oferta pública, mesmo que contrariamente à vontade daqueles que detêm o controle minoritário ou gerencial da companhia-alvo.

Na hipótese de aceitação da oferta pública pelos acionistas titulares de ações com direito a voto suficiente para a aquisição do controle, o ofertante constituirá, originalmente, o novo bloco de controle.

As ofertas públicas estão previstas, genericamente, no art. 429 do Código Civil[48], que as denomina "ofertas ao público" e as equipara às propostas. Já a oferta pública para aquisição de controle de companhia aberta é espécie do gênero, prevista nos arts. 257 a 263 da Lei das S.A.

Importante destacar que o parágrafo único do art. 429 do Código Civil dispõe que a revogação da oferta é possível. No entanto, ela não se aplica à oferta pública para aquisição de controle de companhia aberta, na medida em que o §2º do art. 257 da Lei das S.A. determina que tal oferta é

---

[46] Cf. LAMY, Alfredo Filho e PEDREIRA, José Luiz Bulhões. *A Lei das S.A*. V. 2, 2ª Ed. Rio de Janeiro: Renovar, 1996, p. 676.

[47] Cf. LOBO, Carlos Augusto da Silveira. *In* FILHO, Alfredo Lamy & PEDREIRA, José Luiz Bulhões (Coord.). *Direito das Companhias*. Vol. 1-2. Rio de Janeiro: Forense, 2009, p. 2031-2032.

[48] Art. 429. "A oferta ao público equivale à proposta quando encerra os requisitos essenciais ao contrato, salvo se o contrário resultar das circunstâncias ou dos usos". Parágrafo único. "Pode revogar-se a oferta pela mesma via de sua divulgação, desde que ressalvada essa faculdade na oferta realizada".

irrevogável[49], o que deve prevalecer, tendo em vista a especialidade da Lei das S.A.

Nesse sentido, Modesto Carvalhosa[50] ensina que:

> "A norma adota o princípio da irrevogabilidade da oferta. As ofertas públicas de aquisição de bloco de ações de controle, pela sua natureza e finalidade, eliminam a possibilidade de ocorrência das exceções e circunstâncias que a lei civil enumera ao princípio da vinculação do proponente. (...) A revogabilidade, se fosse admitida, representaria um elemento permanente e gravíssimo de conturbação da companhia visada, do mercado de capitais e da comunidade de negócios, pois ensejaria manobras especulativas de toda a espécie".

A ICVM 361, conforme acima mencionado, trata da oferta pública para a aquisição de controle de companhia aberta em conjunto com as demais ofertas públicas para aquisição de ações negociadas em bolsa de valores, quais sejam (i) a oferta pública para cancelamento de companhia aberta; (ii) a oferta pública por aumento de participação do acionista controlador; (iii) a oferta pública exigida na alienação de controle de companhia aberta e (iv) as ofertas voluntárias.

---

[49] A Lei das S.A. admite, no entanto, a modificação da oferta pública em determinadas hipóteses. A primeira delas está prevista no art. 261, §1º, que admite, por uma única vez, a melhora das condições de preço e forma de pagamento, desde que em porcentagem igual ou superior a 5% e em até 10 dias antes do término do prazo da oferta. Outra forma de modificação da oferta pública ocorre no caso da oferta pública concorrente que admite ao primeiro ofertante também melhorar o preço da sua oferta e prorrogar o prazo da oferta para coincidir com o prazo da oferta concorrente. A ICVM 361 prevê no art. 5º que "Após a publicação do instrumento de OPA, nos termos do art. 11, sua modificação ou revogação será admitida: I – em qualquer modalidade de OPA, independentemente de autorização da CVM, quando se tratar de modificação por melhoria da oferta em favor dos destinatários, ou por renúncia, pelo ofertante, a condição por ele estabelecida para a efetivação da OPA; II – quando se tratar de OPA sujeita a registro, mediante prévia e expressa autorização da CVM, observados os requisitos do §2º deste artigo; ou III – quando se tratar de OPA não sujeita a registro, independentemente de autorização da CVM, em estrita conformidade com os termos e condições previstos no respectivo instrumento".

[50] Cf. CARVALHOSA, Modesto. *Comentários à Lei das Sociedades Anônimas*. V. 4, T. II, 2ª Ed. São Paulo: Saraiva, 2009, p. 217 – 218.

OFERTA PÚBLICA PARA AQUISIÇÃO DE CONTROLE

Quanto à natureza jurídica das ofertas públicas para a aquisição de controle de companhia aberta, Modesto Carvalhosa[51] afirma que:

> *"Configura-se a oferta por uma declaração unilateral de vontade, tendo efeitos vinculantes por si mesma, e criando obrigações para o ofertante, mesmo que o contrato de aquisição de ações, cuja realização se almeja, não venha a existir. (...) Constitui a oferta, portanto, um ato jurídico autônomo, não se confundindo com o contrato cuja formação contribui. É um ato negocial, pois representa uma vontade definitivamente separada de seu autor e que se torna objetiva".*

Assim sendo, a oferta pública de aquisição de ações de companhia aberta, por si só, não cria uma relação contratual propriamente dita, pois tal relação apenas é formada quando há o encontro de vontades do ofertante (ao realizar a oferta) e do ofertado (ao aceitar a oferta), visto que a aceitação do ofertado o vinculará à oferta pública.

Com efeito, tanto a oferta como a aceitação são essenciais para a formação do contrato e, por isso, devem ser coincidentes. Ademais, o ofertante deve formular a oferta com a intenção de vincular-se, definitivamente, bem como deve, ainda, realizar uma oferta com todos os elementos essenciais do contrato que irá assinar, de tal maneira que só reste ao acionista da companhia-alvo aceitar ou não a proposta.

Ressalte-se, ainda, que a oferta pública para a aquisição do controle da companhia-alvo apenas se concretizará mediante a adesão de determinado número de acionistas que, conjuntamente, detenham o poder de controle da companhia-alvo. A proposta de contrato é, então, realizada sob condição suspensiva de que haja uma adesão mínima, nos termos do art. 125 do Código Civil[52].

Diante disso, resta uma questão em aberto: se a adesão mínima mencionada acima deverá ser composta de mais de 50% do capital votante da companhia-alvo ou se a aquisição de controle poderá ser minoritária.

A verdade é que a Lei das S.A. restringe-se a mencionar *as ações em número suficiente para assegurar o controle* e a ICVM nº 361, no inciso III do art. 32, estabelece que *"deverá ter por objeto, pelo menos, uma quantidade de*

---

[51] Cf. CARVALHOSA, Modesto. *Comentários à Lei das Sociedades Anônimas*. V. 4, T. II, 2ª Ed. São Paulo: Saraiva, 2009, p. 220-221.

[52] O artigo 125 do Código Civil diz que "subordinando-se a eficácia do negócio jurídico à condição suspensiva, enquanto esta não se verificar, não terá adquirido o direito a que ele vise".

ações capaz de, somada às do ofertante, de pessoas a ele vinculadas, e que com ele atuem em conjunto, assegurar o controle da companhia aberta".

Tanto a Lei das S.A. como a ICVM 361 não trazem esclarecimento expresso a respeito do tema, no entanto, a ICVM 361 define o acionista controlador em seu art. 3º, IV, seguindo o mesmo conceito dos arts. 116 e 243, §2, da Lei das S.A., como *"pessoa, natural ou jurídica, fundo ou universalidade de direitos ou o grupo de pessoas vinculadas por acordo de voto, ou sob controle comum que a) seja titular de direitos de sócio que lhe assegurem, de modo permanente, a maioria dos votos nas deliberações da assembleia geral e o poder de eleger a maioria dos administradores da companhia; e (b) use efetivamente seu poder para dirigir as atividades sociais e orientar o funcionamento dos órgãos da companhia".*

Dessa forma, a interpretação sistemática da Lei das S.A. e da ICVM nº 361 demonstra que a definição de controle para fins da oferta pública para aquisição de controle é aquela prevista nos arts. 116 e 243, §2º; é possível afirmar que o bloco de ações adquirido mediante a oferta pública seja minoritário[53].

Por fim, caso a condição suspensiva da oferta pública de aquisição de controle seja satisfatória, o ofertante deverá concluir o negócio jurídico de aquisição de ações, sendo que, no caso de inadimplemento, o cumprimento do contrato será garantido pela instituição financeira garantidora da oferta, nos termos do art. 257 da Lei das S.A[54].

II.4. Regras Gerais

A oferta pública para a aquisição de controle da companhia aberta é, conforme já foi salientado, voluntária, sendo dispensável o registro da oferta perante a CVM. No entanto, excepcionalmente, o §1º do art. 257 da Lei das S.A. exige que, no caso de oferta pública de aquisição de controle cujo pagamento será realizado em valores mobiliários, a oferta deverá ser necessária e previamente registrada na CVM.

---

[53] Com relação ao tema, MUNHOZ, Eduardo Secchi. *Aquisição de Controle na Sociedade Anônima.* São Paulo: Saraiva, 2013, p. 318, afirma que *"limitar a incidência desse regime às aquisições que resultem em formação de bloco majoritário de controle significa deixar de fora dessa disciplina uma série de operações".*

[54] O art. 257 da Lei das S.A. estabelece que *"a oferta pública para aquisição de controle de companhia aberta somente poderá ser feita com a participação de instituição financeira que garanta o cumprimento das obrigações assumidas pelo ofertante".* O objetivo de envolver uma instituição financeira como garantidora é assegurar aos acionistas da companhia-alvo que a oferta realizada será cumprida.

OFERTA PÚBLICA PARA AQUISIÇÃO DE CONTROLE

Com relação à oferta pública de aquisição de controle, mediante pagamento em permuta por outros valores mobiliários, o art. 33, §1º, da ICVM 361 estabelece que *"somente poderão ser ofertados em permuta valores mobiliários admitidos à negociação em mercados regulamentados brasileiros"*, observados determinados requisitos[55].

Conforme mencionado no item anterior, em regra, a oferta pública de aquisição de controle é realizada com o escopo de o ofertante adquirir número determinado de ações suficientes para obter o controle acionário da companhia-alvo. É por isso que no §2º do art. 257 da Lei das S.A., há previsão de que, uma vez realizada a oferta pública, essa deverá ser irrevogável em relação ao proponente.

Ressalte-se que o §4º do art. 257 da Lei das S.A. estabelece que a CVM poderá editar normas sobre oferta pública de aquisição de controle, tal como feito por meio da ICVM 361, conforme alterada.

As regras gerais aplicáveis à oferta pública para aquisições de controle previstas na ICVM 361 podem ser divididas em três pilares (i) regras de isonomia; (ii) regras de transparência e (iii) regras gerais de proteção.

No que tange às regras de isonomia, pode-se destacar que a oferta pública em questão deverá ser realizada de forma a assegurar tratamento equitativo aos destinatários, para proteção dos acionistas contra a pressão da oferta. Dessa forma, a oferta pública será sempre dirigida aos titulares de ações de mesma espécie e classe daquelas que são objeto da oferta pública e seu preço deverá ser constante.

Em relação às regras de transparência, a ICVM 361 dispõe de regras claras e precisas sobre a quantidade e sobre a qualidade da informação

---

[55] O §1º do art. 33 da ICVM 361 prevê que somente poderão ser ofertados em permuta valores mobiliários admitidos à negociação em mercados regulamentados brasileiros, observando-se, entretanto, o seguinte: I – caso se trate de OPA por alienação de controle em que o preço pago pelo adquirente envolva bens ou valores mobiliários não admitidos à negociação, e em outras circunstâncias especiais, nas quais fique assegurado tratamento equitativo e adequada informação aos titulares das ações objeto da OPA, a CVM poderá admitir que a oferta pública de permuta ou mista seja liquidada com pagamento em bens ou valores mobiliários não admitidos à negociação em mercados regulamentados; II – para os efeitos do disposto neste artigo, incluem-se entre os valores mobiliários admitidos à negociação, os certificados de ações admitidos à negociação em mercados regulamentados brasileiros, inclusive aqueles emitidos por instituição financeira autorizada a operar no Brasil, lastreados em valores mobiliários de emissão de sociedades estrangeiras, desde que estas últimas obtenham registro de emissor estrangeiro, nos termos da regulamentação em vigor.

prestada aos destinatários da oferta pública de aquisição de controle, principalmente com relação à companhia-alvo e ao ofertante, de forma a disponibilizar informações suficientes ao ofertando para a tomada de decisão refletida e independente quanto à sua adesão à oferta pública.

Sempre que o ofertante for a própria companhia, o acionista controlador ou a pessoa a ele vinculada[56], a oferta pública de aquisição de controle deverá ser instruída com laudo de avaliação da companhia. O laudo de avaliação servirá de instrumento para a tomada de decisão do acionista destinatário da oferta com relação ao preço oferecido.

O terceiro grupo de regras é composto de normas que visam à proteção dos acionistas destinatários da oferta pública e do mercado em geral, como, por exemplo, o registro prévio de determinadas ofertas públicas na CVM e a realização da venda das ações em leilão.

II.5. Participação de Instituição Financeira

Conforme determina o art. 258 da Lei das S.A., o instrumento da oferta pública de aquisição de controle deverá ser celebrado pelo ofertante e pela instituição financeira que garante o pagamento e deverá ser publicado na imprensa, devendo, ainda, indicar uma série de informações que serão tratadas na sequência.

A obrigatoriedade de contratação de instituição financeira para a intermediação da oferta pública de aquisição de controle é consequência da tendência trazida pela Lei das S.A. de outorgar às instituições financeiras incumbências que estão fora de suas atividades principais, tais como previstas no art. 17 da Lei nº 4.595, de 31 de dezembro de 1964.

Isso porque há a presunção de que as instituições financeiras são mais confiáveis, em vista do controle e da fiscalização a que estão submetidas no Brasil. Nesse sentido, Erik Oioli[57] salienta que a própria CVM tem transferido às instituições financeiras responsabilidades, por serem mais fáceis de serem fiscalizadas; por terem maior interesse no cumprimento das normas relativas ao mercado em que atuam e por terem boa condição financeira para suportar a responsabilidade que lhes foi transferida.

---

[56] De acordo com o art. 3º, VI, da ICVM 361, considera-se pessoa vinculada: a pessoa natural ou jurídica, fundo ou universalidade de direitos, que atue representando o mesmo interesse de outra pessoa, natural ou jurídica, de fundo ou universalidade de direitos.

[57] Cf. Oioli, Erik Frederico. *Oferta Pública de Aquisição do Controle de Companhias Abertas*. São Paulo: Quartier Latin, 2010, p. 168.

OFERTA PÚBLICA PARA AQUISIÇÃO DE CONTROLE

Dessa forma, a instituição financeira intermediária é responsável pela veracidade, pela quantidade e pela qualidade das informações fornecidas ao órgão regulador e ao mercado em geral, podendo ser responsabilizada por eventuais danos causados à companhia-alvo, aos seus acionistas e a terceiros, por culpa ou dolo, em decorrência da falsidade, da imprecisão ou da omissão de tais informações.

Além disso, segundo o §2º do art. 7º da ICVM 361:

"A instituição intermediária deverá tomar todas as cautelas e agir com elevados padrões de diligência para assegurar que as informações prestadas pelo ofertante sejam verdadeiras, consistentes, corretas e suficientes, respondendo pela omissão nesse seu dever, devendo ainda verificar a suficiência e qualidade das informações fornecidas ao mercado durante todo o procedimento da OPA, necessárias à tomada de decisão por parte de investidores, inclusive as informações eventuais e periódicas devidas pela companhia, e as constantes do instrumento de OPA, do laudo de avaliação e do edital."

Com efeito, o legislador, ao obrigar que as instituições financeiras intermediárias sejam responsáveis por garantir a liquidação financeira da oferta pública de aquisição de controle, tem o objetivo de evitar o surgimento de ofertas temerárias ou meramente especulativas, que além de perturbarem o mercado, afetam, desnecessariamente, a imagem da companhia-alvo, podendo, ademais, causar danos patrimoniais aos eventuais acionistas aceitantes[58].

A garantia prestada pela instituição financeira intermediária é uma garantia de natureza pessoal (ou fidejussória), destinada a assegurar o adimplemento da obrigação de pagar assumida pelo ofertante em benefício dos ofertados.

Por fim, a instituição financeira intermediária, seu controlador e as pessoas a ela vinculadas não poderão negociar com os valores mobiliários objeto da oferta pública e deverão apresentar declaração da quantidade de valores mobiliários objeto da oferta de que sejam titulares, ou que estejam sob a sua administração.

---

[58] Cf. CARVALHOSA, Modesto. *Comentários à Lei de Sociedades Anônimas*. Vol. 4, T. II, 4ª Ed. São Paulo: Saraiva, 2009, p. 212.

II.6. Instrumento da Oferta Pública de Aquisição de Controle

O instrumento da oferta pública de aquisição de controle deverá ser elaborado pelo ofertante e pela instituição financeira intermediária, conjuntamente, e deverá ser publicado, sob a forma de edital, ao menos uma vez, nos jornais de grande circulação habitualmente utilizados pela companhia (art. 11 da ICVM 361), bem como no Diário Oficial do lugar da sede da companhia[59]. Tal instrumento deverá conter, dentre outras, as seguintes informações[60]:

   (i) a identificação da companhia-alvo, da instituição intermediária e do ofertante, inclusive, quanto a esse, quando for o caso, do seu controlador, com a descrição do seu objeto social, setores de atuação e atividades por ele desenvolvidas na companhia-alvo;

   (ii) menção expressa ao fato de tratar-se de oferta pública de aquisição e detalhamento do seu objeto, de acordo com a modalidade de oferta pública;

   (iii) número, classe e espécie das ações que o ofertante se propõe a adquirir;

   (iv) preço ou outra forma de contraprestação;

   (v) principais termos e condições da oferta;

   (vi) data, local e hora de início do leilão de oferta pública;

   (vii) informações sobre a companhia-alvo, inclusive, sem limitação: quadro com a sua composição acionária; quadro com o demonstrativo dos indicadores econômico-financeiros; indicação do preço médio ponderado de cotação das ações da companhia-alvo, discriminadas por espécie e classe e o valor do patrimônio líquido por ação e o valor econômico por ação, em conformidade com o laudo de avaliação (não exigível para a oferta pública de aquisição de controle);

   (viii) informação de que o laudo de avaliação, quando for o caso, e o edital se encontram disponíveis a eventuais interessados;

   (ix) prazo de validade da oferta, que não poderá ser inferior a 20 dias; e

   (x) informações sobre o ofertante.

---

[59] Quando se tratar de oferta envolvendo permuta de valores mobiliários, o instrumento será publicado no prazo máximo de 10 dias após a obtenção do registro na CVM.

[60] Se a oferta envolver permuta, o instrumento deverá conter, além das informações aqui elencadas, informações sobre os valores mobiliários oferecidos em permuta e as companhias emissoras desses valores.

OFERTA PÚBLICA PARA AQUISIÇÃO DE CONTROLE

Dessa forma, o instrumento de oferta pública de aquisição de ações deverá conter todos os elementos caracterizadores do contrato que o ofertante compromete-se a celebrar com os titulares das ações visadas.

Repete-se que as informações divulgadas devem ser verídicas e completas para que o acionista destinatário da oferta pública não seja levado a erro e consiga tomar uma decisão refletida e independente.

Como ensina Modesto Carvalhosa, o fundamento da exigência de informações sobre o ofertante e a companhia visada é o *full and fair disclosure*, com o objetivo de assegurar ao mercado, à companhia visada e aos acionistas destinatários plena capacidade de julgamento sobre a proposta[61].

Complementando, Nelson Eizirik[62], afirma que:

"(...) este dever consubstanciado no 'full and fair disclosure' cabe, conjuntamente, ao ofertante e à instituição financeira garantidora, os quais são responsáveis pela exatidão das informações prestadas. Nesse sentido, a Lei das S.A., ao disciplinar neste art. o instrumento da oferta pública voluntária de aquisição de controle, estabelece que ele deve ser firmado pelo ofertante e por instituição financeira que garanta a liquidação financeira da OPA."

No entanto, a lei e a regulamentação da oferta pública de aquisição de controle não exigem que o instrumento da oferta contenha descrição dos propósitos do ofertante para a companhia, dificultando a tomada de decisão dos acionistas e dos administradores sobre a adesão ou sobre a recomendação da oferta, conforme o caso.

Assim, Modesto Carvalhosa entende que a exigência de que o instrumento da oferta contenha informações sobre o ofertante deve ser interpretada de forma ampla, incluindo a necessidade de divulgação sobre os propósitos do ofertante e suas perspectivas para a companhia visada[63].

No que se refere ao preço da oferta, esse não precisa ser justo, conforme exigido para as ofertas públicas de aquisição de ações para cancelamento de registro de companhia aberta ou por aumento de participação. Também

---

[61] Cf. CARVALHOSA, Modesto. *Comentários à Lei das Sociedades Anônimas*. V. 4, T. II, 2ª Ed. São Paulo: Saraiva, 2009, p. 236 – 237.

[62] Cf. EIZIRIK, Nelson. *A Lei das S.A. Comentada*. V. III, São Paulo: Quartier Latin, 2011, p. 475.

[63] Cf. CARVALHOSA, Modesto. *Comentários à Lei das Sociedades Anônimas*. V. 4, T. II, 2ª Ed. São Paulo: Saraiva, 2009, p. 250.

não há um preço mínimo a ser ofertado, como ocorre na oferta pública *a posteriori* (art. 254-A da Lei das S.A.), nem exigência de laudo de avaliação.

Nesse caso, o que prevalece é o princípio da autonomia da vontade das partes na definição do preço da oferta.

O valor total da oferta pública somente será divulgado depois de atingidas as quantidades mínimas e máximas de ações a serem adquiridas na oferta pública. Ainda, a oferta pública poderá, também, ser lançada para a aquisição de um número fixo de ações, que deverá ser previamente conhecido. Caso a quantidade de ações ofertada seja superior à quantidade definida no instrumento da oferta pública, deverá haver rateio[64].

O ofertante poderá melhorar as condições de preço ou de forma de pagamento previstas no instrumento da oferta pública, desde que: (a) a melhoria da oferta seja realizada uma única vez; (b) seja publicada até dez dias antes do término do prazo da oferta e (c) o preço seja aumentado em percentagem igual ou superior a 5% (cinco por cento).

Importante ressaltar que as novas modificações serão aproveitadas pelos acionistas que já tiverem manifestado sua aceitação à oferta pública, nos termos do instrumento da oferta.

Com efeito, a referida disposição vem sendo criticada pela doutrina. Nesse sentido, Leonardo Cantidiano[65] manifesta o seu entendimento com relação a tal dispositivo da seguinte forma:

> *"Até dez dias antes do término do prazo de validade da oferta, é lícito ao ofertante melhorar, uma única vez, as condições de preço ou forma de pagamento, desde que em porcentagem igual ou superior a 5%. Tal previsão, que limita a uma só vez a melhora nas condições da oferta, embora também adotada na França por lei de agosto de 1978, não parece a mais acertada. O melhor, na verdade, é o sistema de livre leilão adotado nos EUA, pelo qual é facultado ao ofertante melhorar, mais de uma vez, as condições de sua proposta original. Se a oferta pública é uma técnica de mercado, e se o mercado deve funcionar, sempre que possível, de forma livre, não existem motivos que impeçam a melhora, por mais de uma vez, das condições da oferta, até porque o beneficiário final é o investidor, que fica habilitado a vender suas ações em condições mais vantajosas".*

---

[64] Se o número de aceitantes da oferta pública ultrapassar o máximo fixado no instrumento da oferta, o §3º do art. 261 da Lei das S.A. determina que o rateio será obrigatório "na forma prevista no instrumento da oferta".

[65] Cf. CANTIDIANO, Luiz Leonardo. *Revista da CVM*. Rio de Janeiro: Comissão de Valores Mobiliários, v.3, nº 09, set/out. 1985, p.41.

OFERTA PÚBLICA PARA AQUISIÇÃO DE CONTROLE

Cada acionista detentor de ações objeto da oferta pública deverá manifestar sua aceitação, contratando uma ordem irrevogável de venda ou de permuta, conforme o caso, nas instituições financeiras ou no mercado de valores mobiliários, nos termos do instrumento da oferta pública. Segundo Carlos Augusto da Silveira Lobo: *"as ordens irrevogáveis de venda são atos de adesão e nada podem inovar em relação às condições ofertadas"*[66].

Além disso, os acionistas terão, no mínimo, vinte dias para analisar o instrumento da oferta pública de aquisição de controle. O objetivo é fixar cronograma especificando até que data o acionista deverá formalizar sua aceitação à referida oferta. A intenção desse prazo é evitar a existência de prazos muito curtos, com o fim de diminuir a coercitividade para a adesão à oferta.

O ofertante terá ampla liberdade na determinação das informações adicionais a serem inseridas no instrumento da oferta, desde que em conformidade com a legislação e com a regulamentação sobre a matéria.

No que se refere às ofertas públicas de aquisição de controle, cujo pagamento se dá na forma de permuta, o art. 33, §2º, da ICVM 361[67], prevê regras adicionais, exigindo que o anúncio da oferta contenha também: informações sobre a relação de troca, a quantidade, a espécie e a classe dos valores mobiliários ofertados, os direitos legais e estatutariamente atribuídos a tais valores, seu histórico de negociação nos últimos 12 meses, e o tratamento a ser dado às eventuais frações decorrentes da relação de troca, sem prejuízo de outras informações consideradas essenciais pela CVM.

Quando da realização da oferta pública, essa deverá ser comunicada, em vinte e quatro horas da primeira publicação do instrumento da oferta, à CVM. Tal comunicação será meramente informacional, uma vez que tal oferta pública não requer aprovação da CVM.

Por outro lado, conforme anteriormente mencionado, caso o pagamento da oferta pública seja realizado por meio de permuta, o §1º do art. 257 da Lei das S.A. determina que a oferta pública apenas poderá ser realizada após seu prévio registro na CVM.

---

[66] Cf. LOBO, Carlos Augusto da Silveira. *In* FILHO, Alfredo Lamy & PEDREIRA, José Luiz Bulhões (Coord.). Direito das Companhias. Vol. 1-2. Rio de Janeiro: Forense, 2009, p. 2041.

[67] Nesse mesmo sentido, o art. 259 da Lei das S.A. determina que o projeto de instrumento de oferta de permuta deverá conter, *"além das referidas no art. 258 (acima detalhadas), informações sobre os valores mobiliários oferecidos em permuta e as companhias emissoras destes valores"*.

Por fim, o §2º do art. 261 da Lei das S.A. prevê que *"findo o prazo da oferta, a instituição financeira intermediária comunicará o resultado à Comissão de Valores Mobiliários, e mediante publicação pela imprensa, aos aceitantes"*.

II.7. Sigilo e Dever de Informar

Outro ponto importante é a relação entre o sigilo da oferta pública e o dever de informar.

A regulamentação da CVM prevê tanto regras de transparência, principalmente no que se refere à suficiência e à qualidade das informações relativas à oferta, como também regras para combate ao uso de informações privilegiadas na fase que antecede a oferta pública de aquisição de controle.

Dessa forma, nos momentos que antecedem a realização da oferta deve-se manter o sigilo e, após a publicação do instrumento da oferta, deve-se garantir aos acionistas e ao mercado em geral total transparência.

Com relação ao momento anterior à publicação do instrumento da oferta, o art. 260 da Lei das S.A. determina que *"até a publicação da oferta, o ofertante, a instituição financeira intermediária e a Comissão de Valores Mobiliários devem manter sigilo sobre a oferta projetada, respondendo o infrator pelos danos que causar"*.

No que tange ao dispositivo mencionado acima, quando se tratar do sigilo conferido à CVM, esse somente se aplica em caso de oferta pública de aquisição de controle mediante pagamento em permuta, uma vez que esse tipo de oferta exige prévio registro na CVM. Por outro lado, nas ofertas públicas de aquisição, a CVM somente terá ciência da realização da oferta após publicação do instrumento da oferta.

Com relação à instituição financeira intermediária, o dever de sigilo se aplica desde a sua contratação pelo ofertante, muito embora, na opinião de Erik Oioli, o dever de sigilo devesse ser aplicado antes mesmo da contratação da instituição financeira, no momento das tratativas sobre a própria contratação, ao afirmar que *"(...) melhor seria, a fim de conferir mais segurança a todos os envolvidos e interessados na OPA, que a legislação estendesse o dever de sigilo a todos os envolvidos na oferta e mesmo antes de ela ser efetivamente projetada*[68]*"*.

Note-se que o vazamento da informação antes que a oferta seja divulgada pode ser muito prejudicial para todos os envolvidos. Isso porque

---

[68] Cf. OIOLI, Erik Frederico. *Oferta Pública de Aquisição do Controle de Companhias Abertas*. São Paulo: Quartier Latin, 2010, p. 178.

OFERTA PÚBLICA PARA AQUISIÇÃO DE CONTROLE

normalmente, o preço da oferta é superior ao preço das ações da companhia-alvo negociadas em bolsa de valores, o que pode provocar naquele que receber a informação privilegiada o interesse em adquirir ações da companhia-alvo no mercado, com o intuito de obter lucros quando do lançamento da oferta pública de aquisição de controle. Isso gerará oscilação no valor das ações da companhia-alvo, provocando um aumento no preço das ações e tornando mais onerosa a futura aquisição do controle pelo ofertante da oferta pública.

Um exemplo disso é o emblemático caso da Sadia *v.* Perdigão, que será descrito no Capítulo VI desta monografia, em que nos três pregões que antecederam o anúncio oficial da oferta pública de compra das ações da Perdigão pela Sadia, nos dias 12, 13 e 14 de julho de 2006, a cotação das ações da Perdigão subiu mais de 20% (vinte por cento) e o volume de negócios diários com essas ações na BM&FBOVESPA saltou de R$ 15 milhões para R$ 77 milhões. Tais oscilações fizeram com que a Sadia antecipasse a realização de sua oferta, prevista para o dia 18 de julho, para o dia 16 do mesmo mês[69].

Em todo o caso, aquele que for responsável pelo vazamento da informação confidencial (que deverá ser, isolada ou conjuntamente, uma das três pessoas do art. 260[70] da Lei das S.A.) deverá ser civil e administrativamente responsabilizado.

Após publicação do instrumento da oferta, sob a forma de edital, inicia-se a fase de divulgação e de transparência dos procedimentos relacionados à oferta.

Muito embora a oferta pública de aquisição de controle seja desde o seu início pública, ela tem destinatários restritos – aqueles titulares de ações que, em conjunto, conferirão o poder de controle ao ofertante. Dessa forma, a publicação de fato relevante se faz necessária para dar publicidade da oferta a todos os titulares de interesses na companhia-alvo. Nesse sentido é a opinião de Modesto Carvalhosa[71], ao afirmar que:

---

[69] Conforme notícia publicada na revista Istoé Dinheiro, *Sadia em Segredos*, disponível em HTTP://www.terra.com.br/istoedinheiro//475/financas/sadia_sem_segredos.htm. Acesso em 01.02.11.

[70] Art. 260 "Até a publicação da oferta, o ofertante, a instituição financeira intermediária e a Comissão de Valores Mobiliários devem manter sigilo sobre a oferta projetada, respondendo o infrator pelos danos que causar."

[71] Cf. CARVALHOSA, Modesto. *Comentários à Lei das Sociedades Anônimas*. V. 4, T. II, 3ª Ed. São Paulo: Saraiva, 2009, p. 248.

"A publicação da oferta pública voluntária constitui fato relevante (arts. 157 e 289), tendente a produzir alterações substanciais no estado dos negócios da companhia, no seu controle acionário, e respectiva política empresarial. Assim, a informação relevante publicada pela companhia visada (arts. 258 e 289) deve permitir a seus acionistas e ao mercado de capitais tomar decisões consistentes sobre a oferta."

Tanto a publicação do instrumento da oferta como a publicação de fato relevante pela companhia-alvo possibilitam aos acionistas destinatários da oferta avaliarem a oportunidade, o preço e as condições da oferta, bem como os valores mobiliários que são oferecidos como pagamento nas ofertas de permuta e nas mistas.

Assim, cumpre aos administradores divulgar a oferta e também manifestar seu posicionamento com relação a ela, conforme o previsto nos arts. 153 e 155, inciso II, e 157 da Lei das S.A.

II.8. Aplicação e Efeitos

A transferência de controle de companhias abertas com capital pulverizado apresenta características muito distintas daquelas presentes na transferência de controle de companhias com controlador definido.

Nos países em que existe intensa dispersão acionária nas companhias abertas, as disputas pelo controle acionário criam importantes oportunidades de negócio.

O funcionamento eficiente do mercado de controle acionário é, usualmente, visto como instrumento de monitoramento da administração, reduzindo os custos de agência nas relações entre acionistas e administradores. Segundo Eduardo Munhoz[72], *"as companhias com administração ineficiente, em estruturas de capital pulverizado, podem ser alvo de ofertas hostis de aquisição".*

Uma característica importante das transferências de controle de companhias de capital pulverizado decorre do fato de que o controle de tais companhias é exercido pela administração. Dessa forma, muito embora a transferência de controle seja decorrente de um negócio realizado entre acionistas e ofertante, o controle transfere-se dos administradores para o ofertante.

---

[72] Cf. MUNHOZ, Eduardo Secchi. *Transferência de controle nas companhias sem controlador majoritário.* In CASTRO, Rodrigo R. Monteiro de, AZEVEDO, Luís André N. de Moura, (coord.). *Poder de controle e outros temas de direito societário e mercado de capitais.* São Paulo: Quartier Latin, 2010, p. 297.

Essa dissociação entre as partes do negócio de transferência das ações e as partes envolvidas na transferência do controle causa diversos problemas de conflito de agência. Nas palavras de Eduardo Munhoz[73]:

"(...) uma oferta de aquisição pode ser vista como positiva pelos acionistas, mas negativa pela administração. Ainda que o valor ofertado pareça interessante aos acionistas, os administradores podem resistir à oferta pelo risco de perderem seu trabalho e todos os benefícios daí decorrentes."

Nesse sentido, as medidas defensivas tomadas pela administração diante de uma oferta pública de aquisição de controle podem fundamentar-se na proteção do interesse pessoal dos administradores de se manterem em seus cargos, e não pela proteção dos interesses da companhia-alvo e de seus acionistas. Por outro lado, também será possível que os administradores apoiem uma oferta que seja desvantajosa para os acionistas, em razão de eventuais benefícios que possam vir a receber com o sucesso da oferta pública[74].

É importante mencionar que os acionistas podem encontrar dificuldades de coordenação frente à oferta, tendo em vista a assimetria das informações e a falta de conhecimento técnico para a apropriada avaliação sobre a oferta. Além disso, conforme mencionado no item II. 2 acima, a oferta pode apresentar características de coerção, como, por exemplo, quando o ofertante formula sua oferta de forma a pagar mais pelas ações daqueles acionistas que aderirem primeiro à oferta, ou ainda prevendo desvantagens para os acionistas que não aderirem à oferta[75].

---

[73] Cf. MUNHOZ, Eduardo Secchi. *Transferência de controle nas companhias sem controlador majoritário.* In CASTRO, Rodrigo R. Monteiro de, AZEVEDO, Luís André N. de Moura, (coord.). *Poder de controle e outros temas de direito societário e mercado de capitais. São Paulo*: Quartier Latin, 2010, p. 299.

[74] Os administradores podem, por exemplo, vir a integrar o bloco de controle após a aquisição (*Management Buy Out – MBO*), ou receber remuneração pela adesão da oferta e fechamento da aquisição.

[75] Uma forma de coerção é a promessa de pagamento de um valor determinado pelas ações para os acionistas que inicialmente aderirem à oferta; previsão de futura incorporação da companhia com fixação de relação de troca das ações dos acionistas que permanecerem em valor inferior ao pago pelas ações daqueles que aderirem no prazo inicial. Os efeitos coercitivos são, então, claros na medida em que os acionistas que não aderirem à oferta estão sujeitos a receber valor muito mais baixo pelas suas ações na operação de incorporação.

Por isso, a necessidade da atuação dos administradores da companhia-alvo na negociação da oferta. Os administradores que agirem no interesse da companhia-alvo e de seus acionistas serão capazes de minimizar os problemas de coordenação, buscando uma solução boa para todos.

Destarte, Eduardo Munhoz[76] leciona que:

> *"(...) para solucionar o problema de coordenação dos acionistas, algumas técnicas têm sido utilizadas. Podem ser destacadas: (i) regime especial de transparência e de ampla divulgação das informações da companhia, no curso da oferta; (ii) nomeação de administradores independentes ou de terceiros independentes para analisar tecnicamente a oferta, apresentando as suas conclusões aos acionistas; (iii) possibilidade dos acionistas afastarem ou substituírem os administradores".*

Todavia, as técnicas mais eficientes são as que garantem igualdade de tratamento[77] entre os acionistas e/ou direito de saída, este último em decorrência da obrigação do adquirente de comprar a totalidade das ações de emissão da companhia-alvo, via oferta pública *a posteriori*, a qual não é obrigatória no Brasil para os casos de aquisição originária do poder de controle.

II.9. Viabilização Financeira

As tomadas de controle de companhias abertas, geralmente, envolvem valores elevados de dinheiro, uma vez que a oferta pública deverá ser realizada de forma atrativa aos acionistas da companhia-alvo e há a necessidade de se adquirir as ações representativas do poder de controle.

Por essas razões, dentre outras, é muito comum que potenciais adquirentes do bloco de controle busquem financiamentos perante terceiros, visto que, dificilmente, possuem os recursos necessários disponíveis para tal operação.

---

[76] Cf. Munhoz, Eduardo Secchi. *Transferência de controle nas companhias sem controlador majoritário*. In Castro, Rodrigo R. Monteiro de, Azevedo, Luís André N. de Moura, (coord.). *Poder de controle e outros temas de direito societário e mercado de capitais*. São Paulo: Quartier Latin, 2010, p. 300.

[77] O tratamento igualitário pode ser garantido com regras que obriguem o ofertante a pagar a todos os acionistas preço uniforme por ação. Um exemplo é a regra prevista no item 8.2(ii) do Regulamento do Novo Mercado da BM&FBOVESPA, que determina que o adquirente do controle deve ressarcir os acionistas que tiverem vendido ações em bolsa de valores, por valor inferior ao pago ao controlador, nos 6 meses anteriores à alienação do controle.

As operações de aquisição de controle realizadas com uma parcela significativa de recursos financiados por dívidas assumidas pelo ofertante chamam-se *leveraged buyout* ("LBO").

Usualmente, tais recursos são obtidos por meio de financiamento de instituições financeiras que emprestam recursos ao ofertante com a perspectiva de participarem de eventuais ganhos, no caso de sucesso da aquisição do controle da companhia-alvo.

Segundo José Osório[78], a técnica da LBO tem como objetivo possibilitar financeiramente a aquisição do controle da companhia-alvo pelo ofertante e tem como particularidade *"a transferência dos custos e despesas de aquisição para a sociedade adquirida, mediante a assunção por esta de uma dívida contraída para a sua aquisição".*

Por meio dos LBOs, busca-se transferir os custos da aquisição para a companhia-alvo, para que o pagamento do endividamento possa ser efetuado com recursos obtidos pela própria companhia adquirida.

O mecanismo para a realização da aquisição do controle por meio do LBOs consiste na utilização de uma sociedade veículo, sem ativos e passivos significativos, para efetuar a oferta pública de aquisição das ações de controle da companhia-alvo. Por sua vez, a sociedade veículo assumirá endividamento correspondente ao valor dos custos e das despesas a ser arcados com a referida oferta pública.

Na sequência da aquisição do controle pelo ofertante, a sociedade veículo é, normalmente, incorporada pela companhia-alvo, de forma que o endividamento seja transferido para a própria companhia-alvo, que passará a ser a sucessora universal da sociedade veículo, nos termos do art. 227 da Lei das S.A.

Com o intuito de garantir o pagamento do endividamento, as instituições financeiras, usualmente realizam essas operações de LBOs mediante promessa de prestação de garantias com bens e/ou com direitos da companhia-alvo. José Osório[79] expõe que *"há 'leveraged buyouts' realizados contando-se com os fundos da empresa a adquirir para pagar o preço da sua própria aquisição – seja o seu 'cash flow' futuro, sejam as reservas, ou o produto da alienação de bens do seu ativo".*

---

[78] Cf. Osório, José Diogo Horta. *Da Tomada do Controle de Sociedades (takeovers) por Leveraged Buy-Out e sua Harmonização com o Direito Português*. Coimbra: Almedina, 2011, p. 9.

[79] Cf. Osório, José Diogo Horta. *Da Tomada do Controle de Sociedades (takeovers) por Leveraged Buy-Out e sua Harmonização com o Direito Português*. Coimbra: Almedina, 2011, p.112.

A utilização dos LBOs no Brasil encontra limitações em nosso ordenamento jurídico. Com efeito, o art. 117, §1º, alínea "b", da Lei das S.A. prevê que é abuso do poder de controle:

*"(...) promover a liquidação da companhia próspera, ou a **transformação, incorporação, fusão ou cisão da companhia, com o fim de obter, para si ou para outrem, vantagem indevida, em prejuízo dos demais acionistas**, dos que trabalham na empresa ou dos investidores em valores mobiliários emitidos pela companhia".* (Grifei)

Dessa forma, o acionista que houver adquirido o poder de controle mediante a oferta pública estará incorporando, na companhia-alvo, uma sociedade veículo endividada, com o fim de satisfazer interesse próprio, que poderá ainda ser considerado caso de abuso do poder de controle, nos termos do art. 115[80], §1º da Lei das S.A., com as consequências do §4º do referido artigo.

Com relação ao tema, João Pedro Barroso do Nascimento[81] ressalta que:

"Obviamente, estratégias de tomada de controle viabilizadas financeiramente com recursos de terceiros podem e são utilizadas no Brasil. Entretanto, as estruturas para serem aplicadas no Brasil devem ser compatibilizadas e repensadas para que não lhes sejam aplicáveis regras restritivas e vedações típicas do nosso sistema jurídico."

Há ainda as operações conhecidas como *management buyouts* ("MBO") em que o ofertante é o próprio administrador da companhia–alvo e a

---

[80] Art. 115. O acionista deve exercer o direito a voto no interesse da companhia; considerar-se-á abusivo o voto exercido com o fim de causar dano à companhia ou a outros acionistas, ou de obter, para si ou para outrem, vantagem a que não faz jus e de que resulte, ou possa resultar prejuízo para a companhia ou para outros acionistas.

§ 1º o acionista não poderá votar nas deliberações da assembléia-geral relativas ao laudo de avaliação de bens com que concorrer para a formação do capital social e à aprovação de suas contas como administrador, nem em quaisquer outras que puderem beneficiá-lo de modo particular, ou em que tiver interesse conflitante com o da companhia.

(...)

§ 4º A deliberação tomada em decorrência do voto de acionista que tem interesse conflitante com o da companhia é anulável; o acionista responderá pelos danos causados e será obrigado a transferir para a companhia as vantagens que tiver auferido.

[81] Cf. NASCIMENTO, João Pedro Barroso. *Medidas Defensivas à Tomada de Controle de Companhias.* São Paulo: Quartier Latin, 2011, p. 104.

OFERTA PÚBLICA PARA AQUISIÇÃO DE CONTROLE

tomada de controle é realizada mediante financiamento de terceiros. Os MBOs são, portanto, classificados como subespécie de LBO.

Normalmente, nas companhias abertas com capital acionário disperso, os administradores da companhia–alvo são as pessoas que mais conhecem o negócio desenvolvido, as informações contábeis, econômicas e financeiras da companhia–alvo e é comum não existir a figura do acionista controlador que acompanha e que orienta as atividades da companhia.

Pondera João Pedro Barroso do Nascimento que, em alguns casos, os administradores utilizam-se do fluxo de caixa da companhia–alvo para financiar a tomada de controle que pretendem empreender[82].

Nesse caso, verifica-se patente conflito de interesses, pois os administradores são, ao mesmo tempo, os ofertantes (potenciais compradores) e as pessoas que auxiliarão os vendedores na avaliação com relação à proposta.

Com efeito, por serem subespécies de LBOs, os MBOs, também, enfrentam barreiras na legislação brasileira, conforme discorrido neste item II.9 e, em muitos casos, os MBOs são incompatíveis com os deveres conferidos aos administradores pela legislação brasileira.

Por fim, é patente que estratégias financeiras para a aquisição de controle de companhia aberta são utilizadas no Brasil. Todavia, as estruturas devem ser, cuidadosamente, examinadas e estudadas para serem compatíveis com as regras previstas em nosso ordenamento jurídico, com o objetivo de que não lhes sejam aplicáveis medidas restritivas e vedações típicas presentes em nosso ordenamento jurídico.

---

[82] Cf. NASCIMENTO, João Pedro Barroso. *Medidas Defensivas à Tomada de Controle de Companhias*. São Paulo: Quartier Latin, 2011, p. 105.

III
Os Modelos Norte-Americano e Europeu

No presente capítulo serão apresentados os modelos norte-americano e europeu sobre a oferta pública de aquisição de ações, bem como suas diferenças, suas características e suas peculiaridades. Para isso, divide-se o capítulo da seguinte forma: (i) a dicotomia entre os Sistemas Britânico e Norte-Americano; (ii) a regulação da oferta pública de aquisição de controle na União Europeia, dividido em (a) Histórico; (b) Diretiva 2004/25/CE; (c) Regras gerais sobre a Oferta Pública de Aquisição de Ações na União Europeia; (d) o Funcionamento do Sistema Britânico; (e) o Funcionamento do Sistema Alemão; (f) o Funcionamento do Sistema Francês; (iii) a regulação da oferta pública de aquisição de controle nos Estados Unidos e (iv) uma breve conclusão sobre o tema.

III.1. A dicotomia entre os Sistemas Britânico e Norte-Americano
Os mercados mais ativos de ofertas públicas de aquisição de controle estão concentrados nos Estados Unidos e no Reino Unido, pois é nestes países que há maior grau de dispersão acionária.

Muito embora existam semelhanças entre as regras de companhias norte-americanas e as sediadas no Reino Unido, a regulação das ofertas públicas de aquisição de controle nesses países encontra diferenças.

No Reino Unido, as ofertas públicas de aquisição de controle são regidas por princípios do direito costumeiro, que foram incorporados à legislação. São exemplos desses princípios os deveres fiduciários dos administradores

AQUISIÇÃO DE CONTROLE DE COMPANHIA DE CAPITAL PULVERIZADO

e a autorregulação. As ofertas são reguladas pelo *City Code* sobre fusões e aquisições, que é administrado pelo *Panel on Takeovers and Mergers*.

Segundo Nelson Eizirik, o *"Panel representou a reunião, em um único órgão, de especialistas no ramo de fusões e aquisições. Suas decisões sempre foram tomadas e respeitadas ainda que não houvesse diploma legal para autorizar suas atividades"*[83].

O *City Code* tem o objetivo de garantir que os acionistas envolvidos em uma oferta pública de aquisição de controle recebam tratamento justo e equitativo, principalmente quando forem titulares de uma mesma classe de ações.

Nesse sentido, uma das principais regras do *Panel* é determinar que seja lançada uma oferta pública obrigatória dirigida a todos os acionistas de determinada companhia pelo adquirente de 30% ou mais de seu capital votante (*mandatory bid*)[84]. Ademais, há a preocupação em se resguardar o direito de os acionistas decidirem sobre o mérito de uma oferta pública para a aquisição de ações.

Nos Estados Unidos, por outro lado, não existe um conjunto detalhado e específico de normas regulando as ofertas públicas para a aquisição do controle, de forma que tais operações são reguladas por normas de direito societário, concernentes aos direitos fiduciários dos administradores[85].

O Conselho de Administração nos Estados Unidos pode livremente utilizar medidas defensivas contra as ofertas públicas, todavia, caso os

---

[83] Cf. Eizirik, Nelson. *A Lei das S.A. Comentada*. V. III. São Paulo: Quartier Latin, 2011, p. 462.

[84] De acordo com o art. 5 da Diretiva 2004/25/CE do Parlamento Europeu e do Conselho da União Europeia, disponível em www.europa.eu *"1. Sempre que uma pessoa singular ou colectiva, na sequência de uma aquisição efectuada por si ou por pessoas que com ela actuam em concentração, venha a deter valor mobiliários de uma sociedade a que se refere o n. 1 do art. 1 que, adicionados a uma eventual participação que já detenha e à participação detida pelas pessoas que com ela actuam em concentração, lhe confiram directa ou indirectamente uma determinada percentagem dos direitos de voto nessa sociedade, permitindo-lhe dispor do controlo da mesma, os Estados-Membros asseguram que essa pessoa deva lançar uma oferta a fim de proteger os accionistas minoritários dessa sociedade. Esta oferta deve ser dirigida o mais rapidamente possível a todos os titulares de valores mobiliários, para a totalidade das suas participações, a um preço equitativo, definido no n. 4.2. O dever de lançar uma oferta previsto no n. 1 não é aplicável quando o controlo tiver sido adquirido na sequência de uma oferta voluntária realizada em conformidade com a presente directiva, dirigida a todos os titulares de valores mobiliários, para a totalidade de suas participações."*

[85] Cf. Davies, P e Hopt, K. *Control Transactions, The Anatomy of Corporate Law – a comparative and functional approach*. Kraakman, R., Armour, J., Davies, P. Enriques, L, Hansmann, L, Hertig, G. Hopt, K. Kanda, H. & Rock, E. (authors), second edition, Oxford University Press, 2009, p. 231.

administradores decidam concordar com a oferta pública de aquisição de controle, a decisão de aceitar ou recusar a oferta será dos acionistas.

Assim, os acionistas destinatários da oferta apenas terão o direito de se manifestar com relação à oferta na hipótese de ela ser aceita pelo conselho de administração de imediato. Se o conselho de administração entender por impedir a oferta, os acionistas destinatários não terão direito de alienar suas ações.

Visto isso, pode-se afirmar que a principal diferença existente na regulação das ofertas públicas de aquisição de controle nos Estados Unidos e no Reino Unido é a possibilidade de imposição de táticas defensivas contra tais ofertas públicas. Enquanto o *City Code* proíbe que os administradores tomem medidas para impedir a realização das ofertas, sem a autorização prévia dos acionistas destinatários, nos Estados Unidos tais medidas são livremente tomadas pelos administradores, alocando a decisão aos próprios administradores, não em exclusão, mas preliminarmente ao poder de decisão dos acionistas, que são os reais destinatários da oferta.

III.2. A regulação da Oferta Pública de Aquisição de Controle na União Europeia
III.2.1. Histórico
Em janeiro de 1989, a Comissão Europeia apresentou ao Conselho da União Europeia e ao Parlamento Europeu uma proposta para a 13ª Diretiva sobre o direito societário e sobre a regulação de ofertas públicas. Todavia, a iniciativa de se regular as ofertas públicas não foi, inicialmente, aceita por todos os membros do Conselho da União Europeia[86], visto que, por não serem muito comuns as ofertas públicas naquela época, alguns membros entendiam que tal regulação era desnecessária ou, ainda, muito detalhada.

Diante das objeções, apenas em fevereiro de 1996 a Comissão Europeia apresentou uma segunda proposta para a 13ª Diretiva, contendo, basicamente, princípios gerais norteadores das ofertas públicas. Tal proposta foi aprovada pelo Comitê Econômico e Social e por maioria no Parlamento Europeu.

No entanto, após uma análise mais aprofundada da proposta aprovada, foram identificados três principais problemas na regulamentação, quais

---

[86] Cf. *Report of the High Level Group of Company Laws Experts on Issues Related to Takeover Bids*. In. FERRARINI, Guido; HOPT, Klaus J.; WINTER, Jaap; WYMEERSCH, Eddy (coord.). *Reforming Company and Takeover Law in Europe*. Oxford: Oxford University, p. 841.

AQUISIÇÃO DE CONTROLE DE COMPANHIA DE CAPITAL PULVERIZADO

sejam (i) ausência de harmonização da legislação dos Estados membros da União Europeia; (ii) introdução do princípio da neutralidade dos administradores (adoção das medidas defensivas) e (iii) falta de proteção aos empregados envolvidos nas ofertas públicas.

Dessa forma, no mesmo ano de 1996, a Comissão Europeia formou o *High Level Group* para elaboração de nova proposta sobre as ofertas públicas, levando-se em consideração, principalmente, a proteção aos acionistas da companhia-alvo; o preço para que fosse o mais justo possível nas ofertas obrigatórias e o mecanismo para aquisição das ações remanescentes após a oferta pública (*squeeze out*)[87]. Em outubro de 2002, tal proposta foi aprovada como emenda à proposta da 13ª Diretiva.

Entretanto, devido às recentes tentativas de aquisição hostil de controle de companhias europeias, houve a flexibilização da adoção de práticas defensivas de tomada de controle, por meio das adaptações realizadas ao trabalho elaborado pelo *High Level Group*. A proposta foi, então, finalmente aprovada em 20 de maio de 2004, resultando na Diretiva 2004/25/CE[88 e 89].

III.2.2. A Diretiva 2004/25/CE

A Diretiva 2004/25/CE dispõe sobre a orientação aos Estados Membros da União Europeia acerca das ofertas públicas de aquisição de valores mobiliários de sociedades sujeitas à legislação dos Estados Membros, os quais deveriam adaptar as respectivas legislações às disposições da Diretiva até 20 de maio de 2006, nos termos do art. 21 (1) de tal Diretiva.

Tais ordenamentos deveriam garantir ao menos os seguintes princípios com relação às ofertas públicas[90]:

(i) Todos os titulares de valores mobiliários de mesma classe de uma companhia visada devem ser tratados de forma igual; além disso, nos casos em que uma pessoa adquira o controle de uma sociedade, os demais titulares de valores mobiliários terão de ser protegidos;

---

[87] Cf. *Report of the High Level Group of Company Laws Experts on Issues Related to Takeover Bids*. In. FERRARINI, Guido; HOPT, Klaus J.; WINTER, Jaap; WYMEERSCH, Eddy (coord.). *Reforming Company and Takeover Law in Europe*. Oxford: Oxford University, p. 844.

[88] Cf. OIOLI, Erik Frederico. *Oferta Pública de Aquisição do Controle de Companhias Abertas*. São Paulo: Quartier Latin, 2010, p. 82.

[89] As diretivas estabelecem normas e diretrizes a serem adotadas pelos Estados Membros da União Europeia.

[90] Art. 3º da Diretiva 2004/25/CE.

(ii) Os titulares de valores mobiliários da companhia visada devem dispor de tempo e de informações suficientes para poderem tomar uma decisão consciente sobre a oferta; sempre que aconselhar os titulares de valores mobiliários, o órgão da administração da companhia deve apresentar o seu parecer no que diz respeito às repercussões da concretização da oferta sobre o emprego, sobre as condições de emprego e sobre os locais em que a sociedade exerce a sua atividade;

(iii) O órgão de administração da companhia deve agir levando em conta os interesses da sociedade no seu conjunto e não pode impedir os titulares de valores mobiliários de decidirem sobre o mérito da oferta;

(iv) Não devem ser criadas demandas artificiais para os valores mobiliários da companhia, da sociedade ofertante ou de qualquer outra sociedade interessada na oferta de que resulte oscilação artificial dos preços dos valores mobiliários e que falseiem o funcionamento normal dos mercados;

(v) O ofertante só deve anunciar uma oferta depois de se assegurar de que está em plenas condições de satisfazer integralmente qualquer contrapartida em dinheiro, caso a oferta tenha sido feita nesses termos, e depois de tomar todas as medidas razoáveis para garantir a entrega de qualquer outro tipo de contrapartida; e

(vi) A companhia não deve, em virtude de uma oferta, ser perturbada no exercício da sua atividade por período além do considerado razoável.

III.2.3. Regras Gerais sobre a Oferta Pública de Aquisição de Ações na União Europeia

As ofertas públicas realizadas nos Estados-membros da União Europeia deverão ser tornadas públicas para garantir o *disclosure* e a integridade do mercado para os valores mobiliários da companhia, da sociedade ofertante, se for o caso, ou de qualquer outra pessoa afetada pela oferta, com o objetivo de se evitar a divulgação de informações falsas ou enganosas[91].

O instrumento da oferta deve conter, dentre outros requisitos, (i) os termos da oferta; (ii) a identificação do ofertante e dos valores mobiliários

---

[91] Art. 8º (1) da Diretiva 2004/25/CE.

AQUISIÇÃO DE CONTROLE DE COMPANHIA DE CAPITAL PULVERIZADO

objeto da oferta (inclusive percentuais mínimos e máximos de aquisição); (iii) a forma de pagamento; (iv) as condições a que a oferta está subordinada; (v) as intenções do ofertante no que tange à continuidade das atividades da companhia-alvo; (vi) as intenções do ofertante com relação à manutenção do emprego dos respectivos trabalhadores e dirigentes; (vii) os planos estratégicos do ofertante para ambas as sociedades; (viii) o prazo para a aceitação da oferta e (ix) as informações sobre o financiamento da oferta pública[92].

Com relação ao prazo para a aceitação da oferta, esse não deverá ser inferior a duas semanas, nem superior a dez semanas a contar da data da publicação do instrumento da oferta. Tal prazo poderá ser prorrogado, sujeito à condição de o ofertante notificar, com antecedência de pelo menos duas semanas, a sua intenção de encerrar a oferta[93].

No que tange à atuação dos órgãos da administração[94], conforme já mencionado neste trabalho, os trabalhos do *High Level Group* fundamentaram-se na neutralidade dos administradores em relação à oferta, cabendo aos acionistas a decisão sobre a venda de suas ações.

Com efeito, o art. 9º (2) da Diretiva 2004/25/CE prevê que o órgão de administração da companhia deverá obter a autorização prévia dos acionistas em assembleia geral para aplicar qualquer medida defensiva à oferta, exceto com relação às ofertas concorrentes[95].

Além disso, o órgão de administração da companhia-alvo deverá, obrigatoriamente, elaborar e tornar público parecer fundamentado com relação à oferta, demonstrando sua opinião sobre os impactos da aplicação da oferta sobre os interesses da companhia, incluindo os níveis de emprego e os planos estratégicos do ofertante para a companhia.

É importante ressaltar que a Diretiva permite que o ofertante exija, em determinadas hipóteses, que os acionistas titulares de valores mobiliários remanescentes lhe transfiram tais valores mobiliários pelo preço justo

---

[92] Art. 6º (3) da Diretiva 2004/25/CE.

[93] Art. 7º (1) da Diretiva 2004/25/CE.

[94] O Art. 9º (6) da Diretiva 2004/25/CE dispõe que nas companhias com estrutura dualista, tanto o Conselho de Administração, como a Diretoria são órgãos da administração.

[95] **Entretanto, o Art. 12 (1) da Diretiva 2004/25/CE possibilitou aos Estados-membros o direito de não exigir das companhias o cumprimento de tal disposição (art. 9º (2) da Diretiva).** Dessa forma, em determinados países da União Europeia é permitido aos administradores a aplicação de medidas defensivas contra as aquisições hostis, sem a prévia autorização da assembleia geral de acionistas.

(squeeze out), desde que o ofertante exerça tal direito dentro de três meses a contar do termo do prazo da aceitação da oferta pública de aquisição de ações. Tal direito poderá ser exercido pelo ofertante quando esse detiver valores mobiliários equivalentes a 90% do capital votante da companhia que lhe confiram 90% dos direitos a voto da companhia.

Esse mecanismo de aquisição e alienação potestativa de ações permitiu que as ofertas públicas de aquisição de ações ficassem mais atrativas na medida em que reduziu os custos operacionais, bem como os procedimentos burocráticos do adquirente[96].

Da mesma forma, qualquer titular de valores mobiliários remanescentes também pode exigir que o ofertante adquira seus valores mobiliários com base no preço justo, na mesma forma prevista acima *(sell out)*.

Assim, os acionistas minoritários estão mais protegidos de eventuais abusos do novo acionista controlador, bem como têm garantido um mecanismo seguro de saída da companhia *(way out)*, evitando-se qualquer tipo de pressão do acionista em vender suas ações durante a oferta.

III.2.4. O Funcionamento do Sistema Britânico

O modelo de funcionamento britânico dos *takeovers* é conhecido pela autorregulação[97]. Já em 1959, com o aumento das ofertas públicas de aquisição de ações e das críticas políticas e de manifestações da imprensa, foi criado o primeiro código voluntário de condutas, baseado em regras de cunho moral[98].

---

[96] Cf. OIOLI, Erik Frederico. *Oferta Pública de Aquisição do Controle de Companhias Abertas*. São Paulo: Quartier Latin, 2010, p. 117.

[97] Em palestra sobre autorregulação apresentada pela Comissão de Valores Mobiliários, destacou-se que a autorregulação está fundamentada nos seguintes pressupostos: a ação eficaz do órgão regulador sobre os participantes do mercado de valores mobiliários implica custos excessivamente altos quando se busca aumentar a eficiência e a abrangência dessa ação; (ii) uma entidade autorreguladora, pela sua proximidade das atividades de mercado e melhor conhecimento sobre elas, dispõe de maior sensibilidade para avaliá-las e normatizá-las, podendo agir com maior presteza e a custos moderados; (iii) a elaboração e o estabelecimento, pela própria comunidade, das normas que disciplinam suas atividades fazem com que a aceitação dessas normas aumente e a comunidade se sinta mais responsável no seu cumprimento, diminuindo-se a necessidade de intervenção do órgão regulador.Vide apresentação em www.**cvm**.gov.br/port/public/publ/PalestraAuto-**regulação**.ppt, consultado em 21.01.2012.

[98] Cf. DE MOTT, Deborah A. *Comparative Dimensions of Takeover regulation*. In COFFE Jr., John C.; LOWENSTEIN, Louis; ROSE-ACKERMAN, Susan (coord.). *Knights, Raiders & Targets – The Impact of The Hostile Takeover*. Oxford: Oxford University, 1988, p. 437.

AQUISIÇÃO DE CONTROLE DE COMPANHIA DE CAPITAL PULVERIZADO

Mais tarde, esse código de condutas foi modificado e aprimorado por representantes dos maiores operadores de mercado de capitais da cidade de Londres, ficando conhecido como o *City Code on Take-overs and Margers (City Code)*. Em 1968, foi criado o *Takeover Panel*.

Quando de sua criação, o *City Code* não tinha força de lei, todavia tinha grande eficácia na medida em que as pessoas atuantes no mercado financeiro a ele sujeitavam-se espontaneamente, como forma de conquistar credibilidade perante o mercado. Ademais, pela necessidade de se apontar uma autoridade para fiscalizar as ofertas públicas de aquisição de ações, o Reino Unido apontou o *Takeover Panel* como sua autoridade competente.

Dessa forma, o *Takeover Panel* passou a usufruir de poderes legais para exigir o cumprimento das regras do *City Code*. Este último visa garantir que os acionistas das sociedades anônimas, principalmente os titulares de uma mesma classe de ações, recebam tratamento justo e equitativo em operações de alteração do controle acionário. Também, defende o direito de os acionistas decidirem sobre o mérito de uma oferta pública para a aquisição de suas ações.

Por sua vez, o *Takeover Panel* é fundamentalmente uma entidade corporativa, visto que é formado por membros da comunidade do mercado de capitais e seus poderes não tiveram origem na regulamentação, mas sim no reconhecimento público de sua autoridade por parte das pessoas que atuam no mercado de capitais.

Como a Diretiva 2004/25/CE previu que os Estados-Membros deveriam indicar uma autoridade responsável por sua aplicação e por garantir que os princípios nela previstos fossem respeitados, nos caso do modelo inglês, o *Takeover Panel* passou a desempenhar essa função de autoridade responsável por fiscalizar a aplicação da Diretiva 2004/25/CE.

Note-se que o *Takeover Panel* teve a sua origem a partir do costume inglês, o qual permitiu que os interesses do mercado de capitais contribuíssem com a criação de um órgão independente para regular e para fiscalizar[99] operações de ofertas públicas.

---

[99] O *Takeover Panel* poderá determinar que uma parte que viole determinada norma ou decisão indenize aqueles que forem prejudicados pela conduta danosa, por meio de compensações financeiras. Caso a parte infratora não cumpra a punição do *Takeover Panel*, esse poderá recorrer ao poder judiciário para fazer valer suas decisões. Por outro lado, também existe a possibilidade de as partes recorrerem ao poder judiciário contra as decisões do *Takeover Panel*; todavia, o poder judiciário somente proferirá decisões com efeitos futuros e não poderá afetar

OS MODELOS NORTE-AMERICANO E EUROPEU

Visto que o *Takeover Panel* é um legítimo órgão autorregulador e que desempenha função de interesse público, a seguir será discorrido, em linhas gerais, a respeito das principais normas do *City Code* e das atribuições do *Takeover Panel*.

Como regra, no Reino Unido, a oferta pública deve ser comunicada primeiramente aos administradores da companhia-alvo, os quais levarão a oferta ao conhecimento dos acionistas e do *Takeover Panel*. Da mesma forma, quando do anúncio da oferta, representantes da companhia poderão levar questionamentos ao *Takeover Panel*.

Além disso, o *Takeover Panel* poderá intervir e interferir *ex officio* nas ofertas que de qualquer forma venham a descumprir as regras do *City Code*. Com isso, esse sistema ficou conhecido pela sua agilidade e pela sua flexibilidade, além de baixo custo, por se evitar disputas judiciais. Ainda, tal sistema goza de boa reputação, já que seus membros são especialistas do próprio mercado de controle societário[100].

O *Takeover Panel* poderá atuar em qualquer fase das operações, inclusive antes mesmo de elas serem divulgadas ao mercado. Poderá, ainda, dispensar a aplicação do *City Code* a uma determinada pessoa ou operação, dependendo das circunstâncias concretas, por considerar que a aplicação das normas seria excessiva, muito restritiva e até mesmo onerosa ou inadequada.

O *City Code* contém diversas normas sobre as ofertas públicas obrigatórias e voluntárias de aquisição de ações, uma vez que trata não só de normas de procedimento das ofertas, como também traz princípios gerais[101]

---

a validade dos pronunciamentos do *Takeover Panel*. Nesse sentido, ARMOUR, John e AKEEL JUNIOR, David A. *"Who Writes the Rules for Hostile Takeovers, and Why – The Peculiar Divergence of US and UK Takeover regulation"*. *Law Working Paper*, nº. 73/2006, September, 2006. Disponível em: http://www.ecgi.org/wp/. Consultado em 21.01.2012.

[100] Cf. OIOLI, Erik Frederico. *Oferta Pública de Aquisição do Controle de Companhias Abertas*. São Paulo: Quartier Latin, 2010, p. 120.

[101] Basicamente, os princípios gerais do *City Code* são os seguintes, conforme pode ser extraído da Seção B1 do *City Code*: (i) assegurar tratamento equitativo e oportunidade a todos os acionistas destinatários da oferta; (ii) fornecimento de informação adequada aos acionistas de forma a permiti-lhes melhor avaliar a oferta e compreender sua estrutura e suas condições. O conselho de administração da companhia deve se pronunciar em relação aos efeitos da oferta sobre os empregados da companhia e os negócios sociais; (iii) assegurar que os administradores ajam no interesse da companhia e que nenhuma ação com objetivo de frustrar a oferta seja por eles adotada sem o prévio consentimento dos acionistas; (iv) manutenção da ordem

e normas de conduta, como as de responsabilidade e de conflito de interesses dos administradores de companhias envolvidas nas ofertas públicas.

Importante destacar que o *City Code* restringe as ofertas públicas parciais, que dependem de prévio consentimento do *Takeover Panel*, o qual não será outorgado caso a oferta tenha como objetivo a aquisição de um percentual de ações do capital votante entre 30% e 100% do total de ações votantes da companhia-alvo quando o ofertante já tiver adquirido ações de emissão da companhia, no mercado, nos 12 meses anteriores à oferta[102].

De acordo com as Regras 36.3 e 36.5 do *City Code*, o consentimento do *Takeover Panel* é necessário para qualquer aquisição de ações nos 12 meses seguintes a uma oferta parcial e qualquer oferta parcial que assegure ao ofertante mais de 30% das ações com direito a voto[103] da companhia deve ser aprovada separadamente pela maioria dos seus acionistas com direito a voto.

Ainda, cabe especial referência à mencionada regra do *mandatory bid*[104], segundo a qual a pessoa ou o grupo de pessoas que adquirir participação equivalente a 30% ou mais das ações com direito a voto deverá realizar uma oferta pública de aquisição de ações pertencentes aos demais acionistas da companhia-alvo.

dos mercados e da reputação da comunidade financeira britânica, sendo vedada a criação de condições artificiais para a negociação dos valores mobiliários de emissão da companhia, da sociedade ofertante ou de qualquer outra sociedade envolvida na oferta; (v) o ofertante só deverá divulgar a realização da oferta após garantir que tenha condições de satisfazer integralmente qualquer contrapartida em dinheiro, se assim tiver sido convencionado, ou depois de tomar todas as medidas razoáveis para garantir a execução de qualquer outro tipo de pagamento e (vi) a companhia não deve ter o desenvolvimento de seus negócios afetado pela oferta por período de tempo superior ao razoável.

[102] Regra 36 do *City Code*.

[103] O *City Code* será aplicável a operações que envolvam a aquisição de 30% ou mais das ações com direito a voto de determinada companhia, independentemente se essa participação representará ou não o exercício do poder de controle pelo adquirente.

[104] *"The strongest expression of the equality rule, however, is to be found in the mandatory bid. Here, a bidder is obliged to make an offer in a situation where it has already obtained de facto control of the company and might not therefore wish to make a general offer to the shareholders of a company it already controls. However, because the sellers to the new controller were able to exit the company upon a change of control, the Code requires the remaining shareholders to be given the same opportunity"*. DAVIES, Paul L. *Gower and Davies' principals of modern company law.* 7 Edition. London. *Sweet & Maxwell. 2003.p. 727.* In EIZIRIK, Nelson; HENRIQUES, Marcus de Freitas; VIEIRA, Juliana Botini Hargreaves. *O Comitê de Aquisições e Fusões: versão brasileira do take over panel.* In Cronologia de fatos marcantes da carreira de Modesto Souza Barros Carvalhosa. Ed. Saraiva: São Paulo, 2011. p. 899.

OS MODELOS NORTE-AMERICANO E EUROPEU

Caso depois de transcorridos quatro meses do lançamento da oferta o ofertante tiver adquirido ações correspondentes a 90% das ações visadas na referida oferta, ele poderá, nos dois meses seguintes à expiração desde prazo, adquirir compulsoriamente as ações remanescentes nos mesmos termos da oferta (*squeeze out*). Da mesma forma, os acionistas remanescentes da mesma classe ou espécie de ações poderão exigir que o ofertante adquira suas ações (*sell-out rights*), evitando-se assim de ficarem bloqueados na companhia.

No entanto, Fábio Konder Comparato e Calixto Salomão Filho[105] ensinam que a jurisprudência britânica tem procurado temperar a rigidez da norma ao decidir que:

> "(...) essa expropriação das ações do minoritário não é de ser admitida, quando a oferta lançada é patentemente injusta ou desleal (*unfair*). Em outro caso mais interessante, tratava-se de uma companhia editora, com três acionistas apenas: Shaw, Jackson e Treby. Os dois primeiros, possuidores de 90% do capital acionário, constituíram outra sociedade, que lançou uma *take-over bid* sobre as ações da companhia editora. Como Shaw e Jackson aceitaram, obviamente, a oferta de sua própria sociedade lançara, Treby viu-se, aparentemente, compelido a ceder suas ações, por força do art. 209 do *Company Act* de 1948. Foi, no entanto, a juízo, alegando que o preço oferecido pelas ações era muito inferior ao seu valor patrimonial, e declarando-se, ademais, não obrigado a aceitar uma oferta, em que os ofertantes e a maioria qualificada dos aceitantes se identificavam. A justiça deu-lhe razão, entendendo que, em tal caso, compete ao ofertante provar que a sua oferta é limpa (*fair*). Aplicou-se aí, a teoria da desconsideração da personalidade jurídica (...)".

III.2.5. O Funcionamento do Sistema Alemão

Na Alemanha, a estrutura de organização societária é a do capital, predominantemente, concentrado, sendo, portanto, a maioria das sociedades pouco vulneráveis às ofertas públicas de aquisição de controle.

Apenas em 2002, a Alemanha editou a *Wertpapiererwerbs und Ubernahmegesetz* (WpUG), sua lei sobre oferta pública, que regula tanto as ofertas públicas voluntárias como as obrigatórias, bem como outorga competência

---

[105] Cf. COMPARATO, Fábio Konder & CALIXTO, Salomão Filho. *O Poder de Controle na Sociedade Anônima*. 5ª Ed., Rio de Janeiro: Forense, 2008, p. 254.

para a Agência Federal de Supervisão de Serviços Financeiros regular e fiscalizar tais operações.

Muito embora a Alemanha não tenha adotado as regras comunitárias previstas na Diretiva 2004/25/CE (arts. 9 e 11), que são de adoção facultativa, bem como não tenha incorporado o princípio da neutralidade da administração, a WpUG, a exemplo da regulação em outros países, enumera princípios gerais sobre as ofertas públicas, os quais foram objeto de análise realizada por Erik Oioli[106]:

> *(i) titulares de valores mobiliários de mesma classe da companhia objeto da OPA devem ter tratamento equitativo;*
>
> *(ii) titulares de valores mobiliários da companhia devem ter* tempo suficiente e informação adequada para a tomada de decisão consciente sobre a oferta;
>
> *(iii) os administradores e órgãos de supervisão devem agir no interesse da companhia;*
>
> *(iv) o ofertante e a companhia devem implementar a OPA de forma rápida, a fim de que não sejam afetadas as atividades da companhia por um período de tempo acima do considerado razoável; e*
>
> *(v) ofertante e ou entidades afetadas pela oferta devem criar distorções no mercado de negociação de valores mobiliários da companhia.*

Além disso, o instrumento da oferta deve conter, de forma detalhada, quais são os valores mobiliários objeto da oferta, a forma de pagamento, as condições e os prazos da oferta e deverá trazer uma explicação sobre a capacidade financeira do ofertante de modo a assegurar o sucesso da oferta.

A WpUG, também, exige que o ofertante informe quais são seus planos para o futuro da companhia-alvo, inclusive, mas sem limitação, sobre a utilização de bens e tratamento aos empregados e aos membros da administração.

A WpUG, ainda, veda a revogação da aceitação da oferta; determina que, nos casos de ofertas parciais, seja assegurado o rateio entre os aceitantes e confere proteção aos destinatários da oferta nas situações em que o ofertante venha a adquirir, por meio de negociações privadas, novas ações da companhia, durante um ano após a conclusão da oferta e por preço superior ao pago na oferta, sendo certo que será garantido aos antigos acionistas que aceitaram a oferta a diferença entre o maior preço pago em tais negociações privadas e o preço pago na oferta.

---

[106] Cf. OIOLI, Erik Frederico. *Oferta Pública de Aquisição do Controle de Companhias Abertas.* São Paulo: Quartier Latin, 2010, p. 123.

Erik Oioli[107] ensina que os administradores e os membros do conselho de supervisão deverão se manifestar sobre a repercussão da oferta na companhia e para seus empregados, bem como sobre os objetivos a serem perseguidos pelo ofertante e sobre a sua intenção de vender suas ações da companhia durante a oferta. Assim, o sistema alemão privilegia os administradores, ao contrário do sistema da Diretiva, que tem como pilar o papel preponderante dos acionistas.

III.2.6. O Funcionamento do Sistema Francês

As ofertas públicas de aquisição de controle na França são reguladas pela Lei nº. 2006 – 387, de 31 de março de 2006, que incorporou à antiga lei francesa[108] as disposições da Diretiva 2004/25/CE. Tais ofertas são reguladas e fiscalizadas pela *Comission des Operations de Bourse (COB)* e pelo *Conseil des Marchés Financiers (CMF)*, bem como pelos artigos 231-1 e seguintes do *Réglement Général* (RG) da *Autorité des Marchés Financiers* (AMF).

Muito embora as regras comunitárias previstas na Diretiva 2004/25/CE sejam facultativas, a França decidiu adotar o previsto no art. 9, introduzindo o princípio da neutralidade dos administradores na Lei nº 2006 – 387, que poderá ser excetuado no casos em que o ofertante esteja sediado em país que admita a livre adoção de técnicas de defesa pelos administradores[109].

Na França, o objeto da oferta pública de aquisição de controle é mais amplo do que o objeto no Brasil, visto que estão compreendidas além das ações com direito a voto, as ações sem direito a voto, bem como outros valores mobiliários, tais como as debêntures conversíveis em ações[110].

---

[107] Cf. OIOLI, Erik Frederico. *Oferta Pública de Aquisição do Controle de Companhias Abertas*. São Paulo: Quartier Latin, 2010, p. 125.

[108] Ensina CARVALHOSA, Modesto. *Comentários à Lei das Sociedades Anônimas*. Vol. IV, T. II, 3ª Ed. São Paulo: Saraiva, 2009, p. 224, que "(...) *até 1989, não havia na França lei específica regulando as ofertas públicas de compra de ações, muito embora existissem regulamentos oficiais tratando da matéria, expedidos pela Comissão de Operações de Bolsas – COB, criada pela Ordenança nº 67-833, de 28 de setembro de 1967, bem como pela Câmara Sindical dos Agentes de Câmbio (auto-regulação). Atualmente, as ofertas públicas de compra e permuta estão previstas no Regulamento nº 89-03 da COB, que data de 30 de setembro de 1989, constando, outrossim, dos arts. 5.1.1 e s. das Regras do* Conseil des Bourses, *da mesma data, modificado em maio de 1992 (auto-regulação)*".

[109] Cf. OIOLI, Erik Frederico. *Oferta Pública de Aquisição do Controle de Companhias Abertas*. São Paulo: Quartier Latin, 2010, p. 128.

[110] V. art. 231-6 do RG da AMF.

Particularmente, a legislação francesa ainda prevê a possibilidade de emissão pelos administradores de títulos que tenham como objetivo diluir o ofertante. Nesse caso, os administradores deverão ter a aprovação dos acionistas, a qual poderá ser concedida independentemente da existência de uma oferta e terá duração de até 18 meses[111].

III.3. A Regulação da Oferta Pública de Aquisição de Controle nos Estados Unidos

Nos Estados Unidos, antes da década de 1960, era muito comum nas companhias com capital disperso que pessoas interessadas na aquisição de controle fizessem uso de procurações para prevalecerem nas assembleias. Foi nessa época que as ofertas públicas de aquisição de controle surgiram e ganharam importância naquele país.

Diferentemente do que ocorria com as disputas por procurações que tinham regras definidas de *disclosure*, as ofertas públicas não eram dessa forma disciplinadas, criando-se espaço para as ofertas públicas repentinas e em segredo, que ficaram conhecidas como *Saturday Night Specials*, conforme anteriormente discorrido neste trabalho.

Em decorrência das inúmeras ofertas hostis de aquisição de controle que ocorriam, sem qualquer fiscalização e divulgação de informações relevantes ao mercado, e que forçavam investidores a tomar decisões de venda de suas ações de forma precipitada, bem como os submetiam a tratamento desigual com relação aos acionistas controladores, o Congresso Americano aprovou, em 1968, o *Williams Act*, que adicionou as seções 13 (d) e (e) e 14 (d) e (e) ao *Securities Exchange Act*, de 1934. Em 1970, foi criada a lei para regular as ofertas públicas de permuta[112].

O *Williams Act* contém, dentre outras, regras sobre *disclosure* obrigatório, disposições antifraude e regras aos destinatários da oferta pública.

Como relação ao *disclosure* obrigatório previsto na seção 14 (d) do *Williams Act*, caso o ofertante, após o término da oferta, passe a deter mais de 5% das ações com direito a voto, deverá informar à *Securities and Exchange Comission* e à companhia-alvo os seus planos com relação à companhia-alvo

---

[111] Cf. OIOLI, Erik Frederico. *Oferta Pública de Aquisição do Controle de Companhias Abertas*. São Paulo: Quartier Latin, 2010, p. 128.

[112] Cf. COMPARATO, Fábio Konder e SALOMÃO FILHO, Calixto. *O Poder de Controle na Sociedade Anônima*. 5ª Ed. Rio de Janeiro: Forense, 2005, p. 245.

e o propósito da oferta, bem como a sua situação financeira e o seu relacionamento com a companhia-alvo.

Já as disposições antifraude, dispostas na seção 14 (e), vedam a divulgação de informações enganosas ou imprecisas e a prática de atos fraudulentos com relação à oferta pública.

No que tange às regras destinadas aos acionistas da companhia-alvo, nos termos das disposições previstas no item 14 (e) (1) e 14 (d) (10), a oferta deverá ter prazo de 20 dias úteis e deverá ser destinada a todos os acionistas detentores da mesma classe de ações. Ainda, o preço a ser pago deverá ser equivalente ao maior preço pago pelo ofertante a qualquer outro acionista no decorrer da oferta, sendo proibida a aquisição de ações objeto da oferta de forma privada durante a vigência da oferta.

Nos Estados Unidos, ainda há aceitação das ofertas públicas parciais, o que é vedado no Reino Unido. Nesse caso, sempre que o número de ações oferecidas for maior que a quantidade de ações que o ofertante deseja adquirir, deverá ser realizado o rateio entre os acionistas, de forma a garantir-lhes tratamento equitativo.

Ademais, o *Williams Act* dispõe sobre regras aplicáveis aos administradores da companhia-alvo, os quais, de acordo com a regra 14 (e) (2), deverão, em até 10 dias úteis contados da publicação do instrumento da oferta, notificar os acionistas com relação à sua postura sobre a oferta. Assim, os administradores deverão indicar se recomendam ou não a oferta ou se permanecem neutros ou incapazes de se manifestar sobre a oferta, seguida de fundamentação[113].

Dessa forma, observa-se que o direito societário norte-americano concentra o poder nos administradores, cabendo-lhes tomar as decisões relevantes da companhia. Para tanto, são conferidos aos administradores deveres fiduciários obrigando-os a atuar no melhor interesse dos acionistas, mas também dos *stakeholders* e da comunidade.

Nesse sentido, Eduardo Munhoz[114] salienta que:

> *"Na tomada de decisão, os administradores hão de considerar todos os interesses relevantes (acionistas,* stakeholders *e a comunidade), tendo em conta a perspectiva de*

---

[113] Cf. OIOLI, Erik Frederico. *Oferta Pública de Aquisição do Controle de Companhias Abertas*. São Paulo: Quartier Latin, 2010, p. 131.

[114] Cf. MUNHOZ, Eduardo Secchi. *Aquisição de Controle na Sociedade Anônima*. São Paulo:Saraiva, 2013, p. 205.

longo prazo de continuidade da empresa. O interesse de curto prazo dos acionistas consistente no recebimento de valor por suas ações com prêmio sobre a cotação de bolsa não justifica sacrificar o interesse de longo prazo na continuidade da empresa."

Os administradores podem, portanto, rejeitar a oferta, sem a necessidade de consultar os acionistas. Caso os acionistas não fiquem satisfeitos com a decisão dos administradores de rejeitar a oferta, poderão destituí-los de seus cargos.

Por fim, há disposição no sentido de que toda a oferta pública de aquisição de mais de 5% de ações de uma determinada classe, para pagamento em dinheiro, dependerá de prévio registro na *Securities and Exchange Comission*.

III.4. Conclusão

Como visto, os mercados mais ativos de ofertas públicas de aquisição de controle estão concentrados nos Estados Unidos e no Reino Unido, pois nesses países, as companhias apresentam alto grau de dispersão acionária.

Apesar das características comuns das companhias do sistema anglo-saxão, a regulação das ofertas públicas para as aquisições de controle desenvolveu-se de forma diversa nos Estados Unidos e no Reino Unido.

Nos Estados Unidos, inexiste uma regulamentação específica sobre as ofertas públicas para aquisição de controle, de forma que tais operações são disciplinadas por regras de direito societário, principalmente pelos deveres fiduciários dos administradores[115].

O conselho de administração é livre para utilizar medidas defensivas para impedir a realização de uma oferta pública, sem necessidade de aprovação pelos acionistas. No entanto, caso os administradores concordem com a oferta, a decisão final com relação ao mérito da oferta será dos acionistas destinatários dela. Dessa forma, os acionistas apenas terão o direito de se manifestar com relação à oferta na hipótese de o conselho de administração concordar com ela em uma primeira instância.

Por outro lado, no Reino Unido, as ofertas públicas de aquisição de controle são disciplinadas por princípios do direito costumeiro que foram incorporados à legislação, tais como os deveres fiduciários dos administradores.

---

[115] Muito embora o *Willians Act* disponha sobre algumas normas de âmbito federal, a regulação destas ofertas nos Estados Unidos provém da legislação societária dos Estados e da jurisprudência, principalmente a das cortes de Delaware. In EIZIRIK, Nelson. *A Lei das S.A. Comentada*. V. III, São Paulo: Quartier Latin, 2011, p. 257.

As ofertas públicas no Reino Unido são disciplinadas pelas regras previstas no *City Code* sobre fusões e aquisições, que é editado e administrado pelo *Takeover Panel*, órgão criado com base na autorregulação.

O *City Code* visa garantir o tratamento justo e equitativo aos acionistas detentores de uma mesma classe de ações em operações de alteração do controle acionário. Assim, são exemplos desse tratamento, a realização da oferta pública obrigatória dirigida a todos os acionistas de uma determinada companhia pelo adquirente de 30% ou mais de seu capital votante (*mandatory bid rule*), e o direito de os acionistas decidirem sobre o mérito de uma oferta pública de aquisição de controle.

A principal diferença entre a regulação dos Estados Unidos e do Reino Unido com relação às ofertas públicas de aquisição de controle se refere à imposição de medidas defensivas pela administração.

Dessa forma, o modelo inglês determina que cabe aos acionistas da companhia-alvo a palavra final sobre a aceitação ou não da oferta, enquanto que, nos Estados Unidos, esses apenas se manifestarão com relação ao mérito da oferta caso os administradores, a princípio, concordem com ela.

IV
O Papel do Órgão Regulador

Neste capítulo, trataremos do papel do órgão regulador, a CVM, no que tange à regulamentação, à fiscalização e à punição dos infratores ao mercado de capitais brasileiro, especificamente com relação às ofertas públicas de aquisição de ações. Dessa forma, será apresentada, de maneira geral, como foi o processo de criação da CVM e os poderes a ela conferidos, bem como o desenvolvimento da regulamentação sobre as ofertas públicas.

IV.1. Visão Geral

O fenômeno da globalização é um dos grandes responsáveis pela atual política nacional nos moldes do Estado Regulador. Inseridos nessa realidade, alguns serviços públicos, como o da telefonia fixa e móvel, da produção e da distribuição de energia elétrica e da conservação de estradas, foram desestatizados[116].

A transformação da forma de atuar do Estado iniciou-se ao fim dos anos 1980. A reorganização da Administração Pública tinha como principais

---

[116] O Presidente Fernando Collor de Melo (1990-1992) foi o primeiro presidente brasileiro a adotar as privatizações como parte de seu programa econômico, ao instituir o PND – Programa Nacional de Desestatização pela Lei nº 8.031, de 1990. Com a criação do Conselho Nacional de Desestatização, pela Lei nº 9.491, de 1997, o Presidente Fernando Henrique Cardoso (1995-2002) promoveu um amplo programa de privatizações, como, por exemplo, a privatização da Companhia Vale do Rio Doce, da Telebrás e da Eletropaulo.

AQUISIÇÃO DE CONTROLE DE COMPANHIA DE CAPITAL PULVERIZADO

objetivos a diminuição das dívidas do Estado, infladas após a queda do regime militar totalitário e o desenvolvimento social e econômico.

Nos Estados Unidos, o Estado Regulador surgiu no fim do século XIX, quando teve início a intervenção do Estado na economia e, paralelamente, a criação de agências às quais se atribuiu a atividade de regulação.

No Brasil, segundo Maria Sylvia Zanella Di Pietro[117], a regulação é de uso bem mais recente, surgindo com a Constituição de 1988, com a menção ao *Estado Regulador* (art. 174 da CF[118]), para definir o papel do Estado no domínio econômico, em substituição ao *Estado Providência*. Seu uso intensificou-se com as agências reguladoras.

Para Tony Posner, a regulação é um conjunto de atos de controle e de direção de acordo com uma regra, princípio ou sistema, que se desenvolve por meio de normas legais e outras medidas de comando e de controle, caracterizadores da intervenção pública que afeta a operação de mercados e as decisões econômicas das empresas, normalmente pela restrição de mercado[119].

Segundo Calixto Salomão Filho[120], no sistema brasileiro houve tentativa de formulação de uma teoria geral da regulação. A razão para tanto é jurídica e simples. Trata-se da tradicional concepção do Estado como agente de duas funções diametralmente opostas: a ingerência direta na vida econômica e a mera fiscalização dos particulares.

A prestação de serviços públicos, de um lado, e a vigilância do mercado, por meio do poder de polícia, de outro, sempre representaram para os administrativistas a totalidade das funções que o Estado poderia exercer. Em um mundo de dicotomia entre a esfera privada e a esfera estatal não havia razão para desacreditar da precisão de tal análise.

---

[117] Cf. Di Pietro, Maria Sylvia Zanella. *Parcerias na Administração Pública: concessão, permissão, franquia, terceirização, parceria público-privada e outras formas.* 5ª Ed. São Paulo: Atlas, 2005, p. 203.

[118] Art. 174. "Como agente normativo e regulador da atividade econômica, o Estado exercerá, na forma da lei, as funções de fiscalização, incentivo e planejamento, sendo este determinante para o setor público e indicativo para o setor privado. § 1º – A lei estabelecerá as diretrizes e bases do planejamento do desenvolvimento nacional equilibrado, o qual incorporará e compatibilizará os planos nacionais e regionais de desenvolvimento (...)".

[119] Cf. Posner, Tony. *Law and the regulations.* Oxford: *Claredon Press,* 1977. P. 3-7. Apud França, Phillip Gil. *O Controle da Administração Pública: Discricionariedade, tutela jurisdictional, regulação econômica e desenvolvimento.* 3ª Ed.. São Paulo: Revista dos Tribunais, 2011, p. 144 – 145.

[120] Cf. Salomão Filho, Calixto. *Regulação da Atividade Econômica (princípios e fundamentos jurídicos).* São Paulo: Malheiros, 2001, p. 13.

O PAPEL DO ÓRGÃO REGULADOR

Maria Sylvia Zanella Di Pietro[121] ensina que o vocábulo regulação, também, é utilizado para designar um novo tipo de direito, que não é imposto unilateralmente pelo Estado, mas resulta em consenso, em negociação e em participação dos interessados na matéria a ser regulada.

Após a implementação da política de desestatização de determinados serviços e de atividades públicos, as agências reguladoras despontaram como fundamentais para a Administração Pública, pois, de acordo com suas características, empregaram os fatores de eficiência, de transparência e de desburocratização do serviço público, indispensáveis para a boa prestação de serviço em geral.

As agências reguladoras federais são pessoas jurídicas de direito público, vinculadas a um Ministério do Estado, autarquias especiais dotadas de prerrogativas que objetivam, principalmente, assegurar sua imparcialidade na regulação de setores da economia nacional que estão sob sua responsabilidade.

Corroborando esse entendimento, o Judiciário, em decisão proferida no Superior Tribunal de Justiça, pela Primeira Turma, no Resp. 572906 – Proc. 200301262025/RJ, rel. Min. Luiz Fux, j. em 08.06.2004, manifestou que:

> *"(...) As agências reguladoras consistem em mecanismos que ajustam o funcionamento da atividade econômica do País como um todo, principalmente da inserção no plano privado de serviços que eram antes atribuídos ao ente estatal. Elas foram criadas, portanto, com a finalidade de ajustar, disciplinar e promover o funcionamento dos serviços públicos, objeto de concessão, permissão e autorização, assegurando um funcionamento em condições de excelência tanto para o fornecedor/produtor como principalmente para o consumidor/usuário. (...)".*

Dessa forma, pode-se afirmar que as agências reguladoras surgem como uma das evidências da modernização do Estado, contudo, demonstram também a constante influência e dependência do sistema nacional aos dos países desenvolvidos.

Muito embora exista discussão legislativa para o implemento de uma lei geral das agências reguladoras, atualmente, não existe lei específica que estabeleça uma estrutura homogênea das agências. Entretanto, elas apresentam, de forma geral, as seguintes características: (i) capacidade norma-

---

[121] Cf. DI PIETRO, Maria Sylvia Zanella. *Parcerias na Administração Pública: concessão, permissão, franquia, terceirização, parceria público-privada e outras formas.* 5ª Ed. São Paulo: Atlas, 2005, p. 203.

AQUISIÇÃO DE CONTROLE DE COMPANHIA DE CAPITAL PULVERIZADO

tiva técnica; (ii) capacidade resolutiva de conflitos (mediação e arbitragem); (iii) capacidade sancionatória técnica; e (iv) organização do quadro gerencial, tendo seus diretores tratamentos especiais quanto aos mandatos específicos, bem como suas prerrogativas e deveres.

Cabe, ainda, lembrar que as atividades das agências reguladoras não poderão ter força absoluta, pois sua atuação está subordinada aos meios de controle do Legislativo (art. 49, X, da CF de 1988), com auxílio do Tribunal de Contas (art. 71, II, III, IV, da CF de 1988), do Judiciário (art. 5°, XXXV, da CF de 1988), do Ministério Público (arts. 127 a 130 da CF de 1988) e da sociedade.

IV.2. A Comissão de Valores Mobiliários

A regulação do sistema financeiro brasileiro iniciou-se com a edição de quatro leis distintas, quais sejam: (i) a Lei n°. 4.595 de 1964; (ii) a Lei n° 4.728 de 1965; (iii) a Lei n° 6.385 de 1976; e (iv) a Lei n° 6.404 de 1976.

A primeira delas criou o Banco Central do Brasil – BACEN e substituiu o conjunto de normas esparsas que disciplinavam o mercado, possibilitando a efetivação da política monetária, creditícia e cambial, indispensável ao desenvolvimento do mercado.

A Lei n° 4.728 de 1965 foi editada em complementação à Lei 4.595 de 1964, de forma a disciplinar o mercado de capitais. Foi o primeiro diploma legal brasileiro a distinguir as companhias abertas das demais, impondo àquelas, cujos valores mobiliários fossem admitidos à negociação em mercado organizado, registro das ofertas públicas que pretendessem realizar.

Tal diploma, também conhecido como Lei do Mercado de Capitais, "praticamente inaugurou a regulação do mercado de capitais, estabelecendo medidas para o seu desenvolvimento"[122].

A Lei n° 4.728 de 1965 regulou o mercado de capitais separadamente do mercado financeiro. Ambos, no entanto, estavam subordinados aos mesmos órgãos[123]. Tanto em um mercado como em outro, a elaboração das diretrizes ficava a cargo do Conselho Monetário Nacional – CMN e a

---

[122] Cf. DUBEUX, Júlio Ramalho. *A Comissão de Valores Mobiliários e os principais instrumentos regulatórios do Mercado de Capitais Brasileiro*. Porto Alegre: Sergio Antonio Fabris Editor, 2006, p. 34.

[123] Art. 1° da Lei n° 4.728/1965: Os mercados financeiros e de capitais serão disciplinados pelo Conselho Monetário Nacional e fiscalizados pelo Banco Central da República do Brasil.

O PAPEL DO ÓRGÃO REGULADOR

execução das políticas, a fiscalização das atividades e a imposição de sanções eram funções destinadas ao Banco Central do Brasil.

Em dezembro de 1976, foram editadas a Lei das S.A. e a Lei n° 6.385 de 1976, que criou a CVM, para desempenhar as funções de órgão regulador e fiscalizador do mercado de capitais, que, até então, eram funções de competência do BACEN.

O Conselho Monetário Nacional manteve a sua atuação como órgão supremo, estabelecendo as regras e as políticas a serem observadas pela CVM (regulação, fiscalização e punição no âmbito do mercado de capitais) e pelo BACEN (regulação, fiscalização e punição no âmbito do mercado de financeiro).

Em 1997, a Lei n° 6.385 de 1976 foi alterada pela Lei n° 9.457 de 1997, "que aumentou a extensão do poder de polícia da CVM sobre os participantes do mercado, de maneira a permitir-lhe uma atuação punitiva mais eficaz, com a previsão de sanções bem mais severas do que aquelas elencadas na redação original da Lei n° 6.385 de 1976"[124].

Em 2001, a Lei n° 6.385 de 1976 sofreu novas modificações. A reforma instituída mediante a Lei n° 10.303 de 2001 assim como a Medida Provisória n° 08, de 31.10.2001 e o Decreto n° 3.995, de 31.10.2001 trouxeram diversas modificações referentes à estrutura da CVM, visando conferir ao órgão regulador ainda maior autonomia para exercer seu poder de polícia do mercado de capitais.

O projeto de lei aprovado pelo Congresso Nacional previa dar nova redação ao art. 5° da Lei 6.385 de 1976, caracterizando a CVM como entidade autárquica em regime especial, em contraposição ao regime geral das autarquias, permitindo que a CVM, embora integrante da administração pública, tivesse autonomia financeira e orçamentária.

Ocorre que a Constituição Federal determina que compete, privativamente, ao Presidente da República a iniciativa de leis que disponham sobre a criação, a estruturação e as atribuições dos Ministérios e dos órgãos da administração pública, como é o caso da CVM.

Dessa forma, diversas disposições da reforma da Lei n° 6.385 de 1976 que tratavam da nova estrutura da CVM foram vetadas pelo então Presidente da República e realizadas mediante a Medida Provisória n° 08, de

---

[124] Cf. EIZIRIK, Nelson, GAAL, Ariádna, PARENTE, Flávia & HENRIQUES, Marcus. *Mercado de Capitais- Regime Jurídico*, 2ª Ed., Rio de Janeiro: Renovar, 2008, p. 244.

31.10.2001 e o Decreto n° 3.995, também de 31.10.2001, sem qualquer critério para a escolha de um ou de outro instrumento legal.

Assim, com a reforma realizada pela MP n° 08 de 2001, a CVM foi apresentada como entidade autárquica em regime especial, com as seguintes características:

(i) personalidade jurídica e patrimônio próprio, com autonomia financeira e orçamentária;

(ii) autoridade administrativa independente, descabendo recurso na esfera administrativa das decisões da CVM, exceto no caso dos procedimentos sancionadores, nos quais cabe recurso ao Conselho de Recursos do Sistema Financeiro Nacional;

(iii) autonomia política assegurada pela estabilidade dos dirigentes; e

(iv) ausência de subordinação hierárquica, embora observe as diretrizes do Ministério da Fazenda.

Em relação às atribuições da CVM, verificou-se um crescimento substancial de seus poderes na regulação e na fiscalização do mercado financeiro, assumindo funções antes de competência do Banco Central do Brasil.

A reforma da Lei n° 6.385 de 1976, no tocante às atribuições regulamentares e fiscalizatórias da CVM, fundamentou-se nos seguintes aspectos:

(i) a existência de novos mercados sob o âmbito de fiscalização e de regulamentação da CVM, tais como o mercado de derivativos e as bolsas de mercadorias e futuros;

(ii) dada a ampliação do conceito de valores mobiliários – que passou a compreender os chamados "derivativos", a competência de regulação e fiscalização da CVM passou a ser exercida sobre todos os emissores de valores mobiliários, quando houver distribuição pública de tais ativos, não importando qual a forma societária de que se revestem; e

(iii) a competência da CVM para exigir informações dos membros do conselho fiscal e de acionistas minoritários relativamente à negociação com valores mobiliários, assim como de sociedades que mantenham vínculos societários com companhias abertas e com demais emissores de valores mobiliários.

O PAPEL DO ÓRGÃO REGULADOR

As principais mudanças na Lei nº 6.385 de 1976 aconteceram em virtude da inclusão do mercado de derivativos e das operações desenvolvidas nas bolsas de mercadorias e futuros no âmbito das atividades disciplinadas e fiscalizadas pela CVM.

Conforme a redação dada pela Lei nº 10.303 de 2001 ao art. 15 da Lei nº 6.385 de 1976, foram inclusas, entre as instituições integrantes do sistema de distribuição de valores mobiliários, as corretoras de mercadorias, os operadores especiais e as bolsas de mercadorias e futuros.

Com efeito, ficou a cargo da CVM a definição dos tipos de instituições financeiras que podem exercer atividades no mercado de valores mobiliários, assim como os tipos de operações e serviços; e, ainda, a especialização dessas operações e de serviços e em que condições as sociedades integrantes do sistema de distribuição de valores mobiliários poderão cumular diferentes tipos de operações e de serviços.

Tal competência regulamentar, antes da reforma, era atribuída ao Conselho Monetário Nacional, e, nesse sentido, a modificação na Lei nº 6.385 de 1976 conferiu maior autonomia à atuação da CVM.

IV.3. Regulação do mercado de controle acionário

A aquisição de controle acionário no Brasil é disciplinada por normas de três fontes distintas, quais sejam, (i) a Lei das S.A. e a regulamentação da CVM; (ii) a autorregulação – normas da BM&FBOVESPA, especialmente o Regulamento do Novo Mercado e (iii) os estatutos sociais das companhias abertas.

A Lei das S.A. trata da Aquisição de Controle Mediante Oferta Pública no Capítulo XX, Seção VII e arts. 257 a 263. No art. 257, §4º, a lei outorga expressamente à CVM poderes para regulamentar a matéria[125].

Assim sendo, a CVM editou, dentre outros atos, a Instrução CVM nº 361/2002, que foi posteriormente, alterada pelas Instruções da CVM nºs 436/2006, 480/2009 e 487/2010, essa última de grande importância para a regulamentação da matéria e objeto de análise neste Capítulo.

Ademais, o Regulamento do Novo Mercado da BM&FBOVESPA trata da matéria na Seção VIII, sob o título de "Alienação de Controle". Observa-se que o mencionado regulamento trata de outros tipos de ofertas, bem

---

[125] Art. 257, §4º "A Comissão de Valores Mobiliários poderá expedir normas sobre oferta pública de aquisição de controle".

AQUISIÇÃO DE CONTROLE DE COMPANHIA DE CAPITAL PULVERIZADO

como que o regulamento do Nível 2 segue orientação análoga à do Novo Mercado e o regulamento do Nível 1 não traz normas especiais sobre a aquisição de controle acionário, de forma que se aplicam às companhias nele listadas as normas aplicáveis às companhias abertas em geral (Lei das S.A. e atos da CVM)[126].

Nota-se a prática amplamente difundida de inclusão nos estatutos sociais das companhias, especialmente nas de capital pulverizado, da cláusula de oferta pública por atingimento de participação mínima. Esse tipo de cláusula estatutária, conhecida como *poison pill*, muitas vezes ainda acompanhada de outra cláusula que impede a modificação ou a exclusão da primeira (a chamada "cláusula-pétrea") devem ser analisadas em conjunto com a regulamentação e as normas advindas da autorregulação.

IV.4. A nova ICVM 361

A seção da Lei das S.A. sobre aquisição de controle mediante oferta pública permaneceu por muito tempo esquecida, até que passasse a ser objeto de atenção da regulamentação e da comunidade jurídica em razão do acelerado desenvolvimento do mercado de capitais brasileiro, acompanhado da maior dispersão acionária, verificados a partir de 2004.

Tendo em vista a importância para o mercado de capitais brasileiro, a regulamentação da aquisição de controle mediante oferta pública foi objeto de preocupação da CVM ao alterar a redação da ICVM 361 por meio da edição da ICVM 487.

Após nove meses de audiência pública na CVM, foi publicada, em 25 de novembro de 2010, a Instrução CVM nº 487, que alterou o procedimento aplicável às ofertas públicas de aquisição de ações de emissão de companhias abertas, previsto na ICVM 361.

A edição da ICVM 487 teve, basicamente, como objetivos principais (i) consolidar a jurisprudência que se formou nos últimos anos com os precedentes na CVM e (ii) tratar de assuntos que ainda não estavam detalhadamente regulados na ICVM 361, tais como as ofertas públicas para aquisição de controle (as chamadas "ofertas hostis") e o aprimoramento dos proce-

---

[126] Em 2008, foram realizados diversos fóruns de discussão para alteração dos regulamentos dos segmentos especiais de listagem da BM&FBOVESPA que, dentre outros assuntos, submeteram a proposta para o Novo Mercado de oferta pública por atingimento de participação acionária relevante. No entanto, em 2010, a referida proposta não foi aprovada por companhias listadas no Novo Mercado.

O PAPEL DO ÓRGÃO REGULADOR

dimentos de divulgação de informações das ofertas, com a finalidade de proteger os investidores minoritários e o mercado de capitais em geral[127].

A seguir serão apontadas as principais inovações trazidas pela ICVM 487:

Dever de Sigilo – Art. 4º-A[128]. O ofertante deve manter sigilo sobre a oferta pública de aquisição até a sua divulgação ao mercado e zelar para que seus administradores, seus empregados, seus assessores e terceiros de sua confiança também o façam.

No entanto, caso a informação escape do controle do ofertante, a ICVM 487 o obriga a imediatamente publicar o edital ou tornar pública sua intenção de realizar a oferta pública. Tal anúncio preliminar tem o objetivo principal de reduzir as incertezas do mercado diante de rumores sobre uma eventual oferta pública para aquisição de controle.

---

[127] Conforme "CVM edita Instrução que altera regras de OPA". *Comunicado CVM, de 25 de novembro de 2010: "As mudanças foram motivadas, principalmente, pela necessidade de adaptação das regras de OPA a um cenário em que as ofertas públicas para aquisição do controle de companhias abertas tendem a se tornar mais presentes. Essas OPAs para aquisição de controle, muito comuns nos Estados Unidos e na Inglaterra, mas até pouco tempo raras no Brasil, vêm ocorrendo com mais frequência no país devido ao surgimento de um número considerável de companhias abertas sem acionista majoritário"* (Disponível em HTTP://www.cvm.gov.br/port/infos/Comunicado%20487.asp>. Acesso em março de 2011.

[128] Art. 4º-A da ICVM 361 "O ofertante deve guardar sigilo a respeito da OPA até sua divulgação ao mercado, bem como zelar para que seus administradores, empregados, assessores e terceiros de sua confiança também o façam. § 1º A obrigação de sigilo prevista no caput se estende até: I – a data em que for divulgado fato relevante referente a OPA sujeita a registro na CVM, nos termos do art. 9º da Instrução CVM nº 358, de 3 de janeiro de 2002; ou II – a data em que for publicado o edital de OPA não sujeita a registro na CVM. § 2º Caso a informação escape do controle do ofertante antes da data referida no §1º, o potencial ofertante deverá, imediatamente: I – publicar o instrumento de OPA, nos termos do art. 11; ou II – informar ao mercado que tem interesse em realizar a OPA, ou que está considerando essa possibilidade, embora ainda não tenha certeza de sua efetivação. § 3º Exceto quando se tratar de OPA sujeita a registro, o anúncio previsto no §2º, inciso II, deverá: I – incluir as informações indicadas nos itens "i" até "m" do inciso I do Anexo II; e II – ser encaminhado ao diretor de relações com investidores da companhia objeto, para que este o divulgue imediatamente ao mercado, por meio de sistema eletrônico disponível na página da CVM na rede mundial de computadores. § 4º Caso o ofertante divulgue o anúncio previsto no §2º, inciso II, a CVM poderá fixar um prazo para que ele: I – publique o instrumento de OPA, nos termos do art. 11; ou II – anuncie ao mercado, de maneira inequívoca, que não pretende realizar a OPA dentro do período de 6 (seis) meses."

Também foi criada a definição de período da oferta pública, que tem início com a sua divulgação ao mercado e término na data da realização do leilão ou da revogação da oferta.

Leilão – Art. 12 e Art. 12, §4º[129]. A forma de leilão instituída pela ICVM 361 permanece sendo a regra geral.

No entanto, um terceiro interessado somente poderá interferir no leilão caso se habilite previamente, mediante divulgação ao mercado da sua intenção de interferir na oferta pública, com pelo menos 10 (dez) dias de antecedência à realização do leilão e deverá divulgar informações básicas sobre sua identificação, sua posição acionária na companhia-alvo e sua intenção em relação à companhia-alvo.

Com relação à oferta pública para aquisição de controle, a ICVM 487 trouxe algumas novas determinações relacionadas ao procedimento de leilão, tais como (a) a restrição à interferência compradora, que somente poderá ter por objeto o lote total das ações da oferta pública; e (b) a vedação à elevação do preço no leilão pelo ofertante caso tenha havido publicação de edital ou pedido de registro de oferta pública concorrente para aquisição do controle.

Também esclareceu questões relacionadas à oferta pública concorrente sobre a qual a redação da ICVM 361 deixava dúvidas, como, por exemplo, a possibilidade de a oferta pública concorrente ser de modalidade diversa daquela oferta pública com que concorrer (art. 13 da ICVM 361).

Vedações e Restrições – Art. 14 e Art. 15[130]. Foi introduzida uma importante vedação, relacionada à aquisição de ações objeto da oferta pública pelo ofertante em oferta pública parcial e de alienação de ações de mesma

---

[129] Art. 12 da ICVM " A OPA será efetivada em leilão na bolsa de valores ou no mercado de balcão organizado em que as ações objeto da OPA sejam admitidas à negociação.

(...)

§4º O interessado em interferir no leilão deve divulgar ao mercado, com 10 (dez) dias de antecedência, na forma prevista no art. 11, que tem a intenção de interferir no leilão, fornecendo as informações previstas nas alíneas "a", "c" e "i" a "m" do inciso I do Anexo II, conforme aplicáveis."

[130] Art. 14 da ICVM 361: "A companhia objeto, o acionista controlador e pessoas a ele vinculadas não poderão efetuar nova OPA tendo por objeto as mesmas ações objeto de OPA anterior, senão após a fluência do prazo de 1 (um) ano, a contar do leilão da OPA anterior, salvo se estiverem obrigados a fazê-lo, ou se vierem a estender aos aceitantes da OPA anterior as mesmas condições da nova OPA, pagando-lhes a diferença de preço atualizada, se houver."

espécie e classe das ações objeto de oferta pública, bem como de realização de operações com derivativos referenciados em ações da mesma espécie das ações objeto da oferta pública.

Assim, durante o prazo da oferta, deve ser divulgado ao mercado um relatório diário com amplas informações a respeito de todo e qualquer negócio envolvendo valores mobiliários ou derivativos referenciados a valores mobiliários, realizados durante o prazo da oferta, pelo ofertante e por pessoas a ele vinculadas, pela companhia, por seus administradores e por pessoas a eles vinculadas, por terceiros que se habilitem a interferir no leilão de compra e por qualquer acionista e pessoas a ele ligadas que sejam titulares de participação superior a 2,5% do capital social.

O objetivo é evitar que concomitantemente ao leilão sejam realizados negócios de aquisição de ações privados, por valor distinto daquele estabelecido no leilão, bem como evitar a manipulação do mercado durante o prazo da oferta, por meio de tais negociações.

Ainda, a ICVM 487 estabeleceu um vínculo entre o preço por ação da oferta e o preço pago em transações durante o período da oferta, estabelecendo que o preço da oferta não pode ser inferior ao maior preço por ação pago pelo ofertante em negócios realizados durante o período da oferta.

Dessa forma, na oferta pública para aquisição de controle que tenha por objeto todas as ações, são permitidas aquisições dentro do prazo de validade da oferta, mas se o preço pago for maior que o valor da oferta, esse deverá ser ajustado, de forma que todos os acionistas detentores da mesma classe de ações o recebam.

Art. 15 da ICVM 361. "Em qualquer OPA formulada pela companhia objeto, pelo acionista controlador ou por pessoas a ele vinculadas, desde que não se trate de OPA por alienação de controle, caso ocorra a aceitação por titulares de mais de 1/3 (um terço) e menos de 2/3 (dois terços) das ações em circulação, o ofertante somente poderá: I – adquirir até 1/3 (um terço) das ações em circulação da mesma espécie e classe, procedendo-se ao rateio entre os aceitantes, observado, se for o caso, o disposto nos §§ 1º e 2º do art. 37; ou II – desistir da OPA, desde que tal desistência tenha sido expressamente manifestada no instrumento de OPA, ficando sujeita apenas à condição de a oferta não ser aceita por acionistas titulares de pelo menos 2/3 (dois terços) das ações em circulação; Parágrafo único. Não sendo aplicável o disposto no art. 37, §§ 1º e 2º, o limite de 1/3 (um terço) previsto no inciso I deverá ser calculado com base no número de ações existentes em circulação na data de encerramento da primeira oferta pública de distribuição de ações da companhia ou, caso nenhuma oferta tenha sido realizada, na data da obtenção do registro da companhia para negociação de ações em mercados regulamentados de valores mobiliários."

Oferta Pública pela Totalidade das Ações. Art. 32-A[131]. O art. 32-A acrescido à ICVM 361 estendeu para os casos de oferta pública de aquisição de controle que tenham por objeto a totalidade das ações em circulação de uma determinada classe ou espécie a opção de venda de ações posteriormente à oferta.

Dessa forma, o ofertante ficará obrigado a adquirir pelo preço final da oferta as ações em circulação remanescentes da mesma espécie e classe, desde que tal opção de venda seja realizada no prazo de 30 (trinta) dias contado da data do leilão da oferta.

Na prática, a CVM buscou garantir ao acionista a possibilidade de vender as suas ações após o leilão pelo preço final da oferta, evitando que tal acionista seja coagido a vender suas ações posteriormente à oferta por preço inadequado.

No entanto, é importante ressaltar que tal proteção ao acionista da companhia-alvo pode ser desfavorável ao adquirente, uma vez que o efetivo prazo da venda das ações da companhia-alvo passa a ser a data do vencimento do exercício do direito de venda pelo acionista – 30 dias contados do leilão da oferta – e não a data do vencimento da validade da oferta.

Nesse caso, todavia, o preço ofertado deverá ser alto o suficiente para estimular o acionista a aderir à oferta dentro de seu prazo de validade, de forma a não correr o risco de ela não ser aprovada. Assim, tal inovação da ICVM 487 pode provocar o aumento indevido do custo da oferta e até mesmo inviabilizar a aquisição do controle.

---

[131] Art. 32-A da ICVM 361: "Do instrumento de OPA para aquisição de controle, exceto no caso de OPA parcial, constará declaração do ofertante de que ficará obrigado a adquirir, após a OPA, as ações em circulação remanescentes da mesma espécie e classe, pelo prazo de 30 (trinta) dias, contado da data da realização do leilão, pelo preço final da OPA. § 1º O preço previsto no caput deverá ser atualizado nos termos do instrumento de OPA. § 2º O efetivo pagamento pelas ações em circulação remanescentes deverá ocorrer até 15 (quinze) dias contados do último a ocorrer dos seguintes eventos: I – exercício da opção pelo acionista; ou II – pagamento aos demais acionistas que aceitaram a OPA, no caso de OPA com pagamento a prazo. § 3º Para a finalidade de que trata o caput, e exclusivamente quando se tratar de ofertas públicas de permuta, mista ou alternativa (art. 6º, incisos II e III e §1º), será lícito ao ofertante estabelecer até 3 (três) datas, sendo uma necessariamente o último dia do prazo referido no caput, para o início da fluência do prazo de 15 (quinze) dias de que trata o §2º."

Oferta Pública Parcial das Ações. Art. 32-B[132]. Na hipótese da oferta pública parcial para aquisição de controle, não seria adequado conceder ao destinatário da oferta a opção de venda de suas ações após a realização do leilão, como é possível no caso da oferta de aquisição de controle pela totalidade das ações.

Isso porque caso os acionistas decidam vender mais ações do que o ofertante se dispõe a comprar, será necessário o rateio entre tais acionistas, de forma a assegurar um tratamento equitativo.

Diante disso, a CVM criou um leilão especial para a oferta pública parcial, de modo a possibilitar que o destinatário da oferta a aceite de forma condicionada ao seu sucesso. A oferta será considerada bem sucedida quando houver aceitações incondicionais por uma quantidade de ações capazes de, somadas às ações do ofertante, assegurar o controle da companhia pelo ofertante.

No entanto, por causa do quórum acima mencionado, torna-se possível que a oferta seja aprovada contra a vontade da maioria, resultando em uma decisão distorcida dos acionistas-alvo com relação à oferta.

---

[132] Art. 32–B da ICVM 361: "Em OPA parcial para aquisição de controle, deverá ser assegurada aos destinatários da OPA, por disposição expressa no edital, a faculdade de condicionar sua aceitação ao sucesso da OPA. § 1º Para os fins deste artigo, uma oferta será considerada bem sucedida se receber aceitações incondicionais para uma quantidade de ações capazes de, somadas às ações do ofertante, de pessoas a ele vinculadas, e que com ele atuem em conjunto, assegurar o controle da companhia. § 2º Caso a OPA tenha sucesso, nos termos do §1º, o adquirente poderá adquirir a totalidade das ações objeto da oferta, procedendo-se ao rateio entre todos os que aceitarem a OPA, ainda que o façam de forma condicional. § 3º Caso a OPA não tenha sucesso nos termos do §1º, o ofertante não poderá adquirir ações por meio da OPA. § 4º No leilão de OPA parcial para aquisição de controle, deverá ser adotado procedimento que permita o acompanhamento, ao longo do leilão, da quantidade de ações dos acionistas que aceitarem a OPA de modo incondicional. § 5º Os acionistas que pretendam participar do leilão deverão credenciar, até a véspera do leilão, uma sociedade corretora para representá-los. § 6º As sociedades corretoras, credenciadas na forma do §5º, deverão comunicar à bolsa de valores ou entidade do mercado de balcão organizado em que deva ser realizado o leilão, até o horário determinado por tal bolsa ou entidade, a quantidade de ações dos acionistas que serão por elas representados no leilão da OPA. § 7º A bolsa de valores ou entidade do mercado de balcão organizado em que se realizar o leilão adotará todas as medidas complementares necessárias ao perfeito atendimento dos requisitos impostos neste artigo."

AQUISIÇÃO DE CONTROLE DE COMPANHIA DE CAPITAL PULVERIZADO

Divulgação de Informações. Arts. 32-C a 32-G[133]. Conforme mencionado acima, uma das grandes preocupações da CVM ao editar a ICVM 487 foi regular, criteriosa e cuidadosamente, a obrigação do ofertante, da companhia-alvo, de seus administradores e dos principais acionistas de divulgar informações relacionadas à oferta para aquisição de controle. Tal preocupação foi ainda maior com relação aos assuntos atinentes a negócios realizados por tais administradores e acionistas envolvendo ações e derivativos durante o período da oferta.

Dessa forma, a nova ICVM 361 prevê que, durante o período da oferta, titulares de 2,5% ou mais de ações de uma determinada classe ou espécie da companhia-alvo deverão divulgar ao mercado, entre outras, as variações de 1 (um) ponto percentual na sua participação em tal classe ou em espécie de ações.

---

[133] Art. 32-F da ICVM 361 "Durante o período da OPA para aquisição de controle, qualquer pessoa, ou grupo de pessoas agindo em conjunto ou representando o mesmo interesse, que seja titular, direta ou indiretamente, de ações que correspondam a 2,5% (dois inteiros e cinco décimos por cento) ou mais das ações de uma determinada classe ou espécie da companhia objeto, deverá comunicar ao mercado: I – qualquer elevação ou redução de sua participação, direta ou indireta, em mais de 1% (um por cento) das ações de uma determinada classe ou espécie da companhia objeto, informando ainda as datas em que ocorreram as negociações, as quantidades negociadas, agrupadas por data, bem como o preço médio em cada data de negociação; II – a celebração de contrato, pré-contrato, opção, carta de intenção ou qualquer outro ato jurídico que disponha sobre a aquisição ou alienação de ações representando, em conjunto ou isoladamente, mais de 1% (um por cento) das ações de uma determinada classe ou espécie da companhia objeto, informando a quantidade de ações e descrevendo o preço e demais termos e condições de cada ato jurídico; e III – a realização de operações com derivativos referenciados em ações que, em conjunto ou isoladamente, representem mais de 1% (um por cento) das ações de uma determinada classe ou espécie da companhia objeto, informando a natureza dos derivativos, as contraprestações e principais termos e condições, agrupando os negócios conforme sua natureza e a data em que ocorreram. § 1º Os comunicados realizados em cumprimento do caput deverão incluir, ainda, as seguintes informações: I – número, classe, espécie e tipo de valores mobiliários da companhia objeto detidos na data do informe; II – número, classe, espécie e tipo de valores mobiliários da companhia objeto tomados ou concedidos em empréstimo, na data do informe; III – descrição detalhada da exposição em derivativos referenciados em valores mobiliários da companhia objeto na data do informe. § 2º As obrigações previstas no caput e no §1º se aplicam também a qualquer pessoa, ou grupo de pessoas agindo em conjunto ou representando o mesmo interesse, que seja titular, direta ou indiretamente, de derivativos referenciados em ações da companhia objeto representando 2,5% (dois inteiros e cinco décimos por cento) ou mais das ações de uma determinada espécie e classe da companhia objeto."

O PAPEL DO ÓRGÃO REGULADOR

Manifestação do Conselho de Administração. Art. 32-D[134]. Outra inovação trazida pela ICVM 487, já prevista para as companhias listadas no Novo Mercado, foi a faculdade outorgada ao conselho de administração da companhia-alvo de se manifestar a favor ou contra a oferta pública de aquisição de controle e, caso decida se manifestar, o conselho de administração deverá apresentar sua opinião acompanhada de certas informações, tais como os aspectos relevantes para a decisão do investidor, sobretudo o preço oferecido na oferta e as alterações relevantes na situação financeira da companhia-alvo. De fato, a CVM considera tal manifestação muito importante para a decisão dos acionistas[135].

Essa manifestação do Conselho de Administração foi inspirada tanto na Diretiva Europeia 2004/25/CE[136], quanto no *Take over Code* inglês[137], apesar de não ter o nível de detalhamento previsto no *Take over Code*, que estabelece, por exemplo, que o conselho de administração da companhia--alvo se manifeste sobre os planos do ofertante com relação ao futuro dos empregados da companhia-alvo.

---

[134] Art. 32-D. "Caso o conselho de administração da companhia objeto decida se manifestar de modo favorável ou contrário à aceitação da OPA para aquisição de controle: I – a manifestação deverá abordar todos os aspectos relevantes para a decisão do investidor, sobretudo o preço oferecido na OPA; II – a manifestação deve descrever as alterações relevantes na situação financeira da companhia objeto ocorridas desde a data das últimas demonstrações financeiras ou informações trimestrais divulgadas ao mercado; e III – cópia da manifestação deverá ser divulgada ao mercado por meio de sistema eletrônico disponível na página da CVM na rede mundial de computadores."

[135] Item 3, página 3 do Edital de Audiência Pública nº. 02/10, publicado em 25 de março de 2010. Disponível no site www.cvm.gov.br. Acesso em 25 de novembro de 2010.

[136] Art. 9º, nº 5, da Diretiva Europeia 2004/25/CE, de 21 de abril de 2004: O órgão de administração da companhia visada deverá elaborar e tornar público um documento de que conste o seu parecer fundamentado sobre a oferta, nomeadamente quanto às repercussões da oferta sobre os interesses da companhia-alvo no seu conjunto, incluindo o emprego, e quanto aos planos estratégicos do ofertante para a companhia-alvo.

[137] Neste sentido ver o RULE 25.1 do *Takeover Code* Inglês: *VIEWS OF THE BOARD ON THE OFFER, INCLUDING THE OFFEROR'S PLANS FOR THE COMPANY AND ITS EMPLOYEES; (a) the board of the offeree must send it opinion on the offer (including any alternative offers) to the offeree company's shareholders and persons with information rights. It must, at the same time, make known to its shareholders the substance of the advice given to it by the independent advisers appointed pursuant to Rule 3.1.*

AQUISIÇÃO DE CONTROLE DE COMPANHIA DE CAPITAL PULVERIZADO

Dessa forma, João Pedro Barroso do Nascimento[138] ensina que:

"*Parece-nos que o Brasil adotará comportamento intermediário entre os preceitos da 'neutralidade da administração' e 'intervenção absoluta dos administradores' em tentativas de tomada de controle. Tal perspectiva é confirmada pela introdução do art. 32-D da Instrução CVM n. 361/02, que prevê a possibilidade de o conselho de administração da companhia objeto de tentativa de tomada de controle manifestar-se, de modo favorável ou contrário à aceitação da OPA para aquisição do controle. As discussões havidas na audiência pública da Instrução CVM n. 487/10, que introduziu modificações na Instrução CVM n. 361/02, revelam a existência de um sentimento coletivo de que embora a administração, de fato, não tenha nenhuma obrigação legal de opinar diante de eventual tentativa de tomada de controle, a eventual manifestação da administração pode ser conveniente e alinhada com os deveres legalmente atribuídos aos administradores. E, sob esta lógica, em nossa opinião, uma vez que a administração venha a se manifestar, os parâmetros estabelecidos no art. 32-D da Instrução CVM n. 361/02, em relação às informações que deverão constar da manifestação da administração, são um norteamento importantíssimo dado pela CVM.*"

Laudo de Avaliação. A ICVM 487 inovou ao exigir que, em relação às informações gerenciais, o avaliador apenas as aceite e utilize se entender que são consistentes. Além disso, o laudo de avaliação deverá mencionar as razões para a escolha do critério de avaliação, obrigação essa que na égide da ICVM 361, aplicava-se apenas à oferta pública para cancelamento de registro. Também foi facultado à CVM exigir que o avaliador informe se o valor da companhia sofreu alterações significativas desde a data da avaliação e que atualize o valor da companhia objeto que consta do laudo.

Instituições Intermediárias. Art. 7º[139]. A ICVM 487 trouxe algumas inovações no que diz respeito às instituições intermediárias da oferta

---

[138] Cf. NASCIMENTO, João Pedro Barroso. *Medidas Defensivas à Tomada de Controle de Companhias*. São Paulo: Quartier Latin, 2011, p. 266.

[139] Art. 7º da ICVM 361 "O ofertante deverá contratar a intermediação da OPA com sociedade corretora ou distribuidora de títulos e valores mobiliários ou instituição financeira com carteira de investimento. §1º O ofertante é responsável pela veracidade, qualidade e suficiência das informações fornecidas à CVM e ao mercado, bem como por eventuais danos causados à companhia objeto, aos seus acionistas e a terceiros, por culpa ou dolo, em razão da falsidade, imprecisão ou omissão de tais informações. (...) § 5º A instituição intermediária, seu controlador e pessoas a ela vinculadas, apresentarão as informações previstas nos itens "i" a "l" do inciso I do Anexo II em relação aos valores mobiliários e derivativos referenciados

pública de aquisição, tais como algumas exceções à vedação à negociação com valores mobiliários de emissão da companhia-alvo, em linha com as exceções que constam da Instrução CVM nº 400, de 29 de dezembro de 2003, conforme alterada, abrangendo tanto a instituição como pessoas a ela relacionadas.

em valores mobiliários da companhia objeto de que sejam titulares, ou que estejam sob sua administração discricionária. § 6º Ao ser contratada para a intermediação de OPA, a sociedade corretora ou distribuidora de títulos e valores mobiliários ou instituição financeira com carteira de investimento, bem como pessoas a ela vinculadas que atuem no mercado financeiro, ficarão impedidas de negociar com valores mobiliários de emissão da companhia objeto, ou a eles referenciados, bem como de efetuar pesquisas e relatórios públicos sobre a companhia e a operação.§ 7º A vedação à negociação prevista no §6º não se aplica às seguintes hipóteses: I – negociação por conta e ordem de terceiros; II- operações claramente destinadas a acompanhar índice de ações, certificado ou recibo de valores mobiliários; III – operações destinadas a proteger posições assumidas em *total return swaps* contratados com terceiros; IV – operações realizadas como formador de mercado, nos termos da regulamentação da CVM em vigor; ou V – administração discricionária de carteira de terceiros.§ 8º As pessoas referidas no §6º devem adotar procedimentos adequados para assegurar o cumprimento das normas de conduta nele previstas."

V
O Comitê de Aquisições e Fusões

Este capítulo diz respeito à criação do Comitê de Aquisições e Fusões pela BM&FBOVESPA e da elaboração de seu código de autorregulação pelo jurista Nelson Eizirik, com o grupo de trabalho formado pela própria BM&FBOVESPA, AMEC, ANBIMA e IBGC, com o objetivo de estabelecer princípios e regras adicionais àqueles que decorrem da lei e da regulamentação no que se refere às ofertas públicas de aquisição de ações e às reorganizações societárias envolvendo companhias abertas. Nesse sentido, serão abordados os seguintes temas: (i) os trabalhos para a criação do Código de Autorregulação; (ii) as companhias sujeitas ao Comitê de Aquisições e Fusões; (iii) as operações sujeitas ao Comitê de Aquisições e Fusões e (iv) será feita uma breve conclusão sobre o tema.

V.1. Os trabalhos para a criação do Código de Autorregulação
Diante do cenário de um crescente número de companhias brasileiras sem controlador definido e da possibilidade de o controle acionário de tais companhias ser adquirido no mercado, sem negociação prévia com os seus principais acionistas, acompanhado das lacunas existentes na regulamentação e na legislação, é possível identificar a importância da criação do Comitê de Aquisições e Fusões – CAF.

O jurista Nelson Eizirik foi contratado pela BM&FBOVESPA para analisar o tema e redigir a proposta do código de autorregulação, com um grupo de trabalho que envolveu a BM&FBOVESPA, a AMEC, a ANBIMA e o IBGC ("Código de Autorregulação")[140]. O texto foi finalizado no início do ano de 2012 e, em 27 de junho de 2012, a BM&FBOVESPA, a AMEC, a ANBIMA e o IBGC assinaram o convênio para a constituição do CAF[141].

O CAF é uma associação independente de natureza privada, composto por onze membros[142], eleitos por unanimidade pela AMEC, ANBIMA, BM&FBOVESPA e IBGC, com mandato de dois anos, renováveis por mais dois anos, devendo ser renovado, a cada ano, cinco ou seis membros do CAF, conforme o caso.

O CAF foi constituído para garantir a aplicação de condições equitativas nas ofertas públicas de aquisição de ações e operações de reorganização societária envolvendo companhia aberta e funciona com base em um modelo de autorregulação voluntária (sem qualquer interferência do Estado)[143].

Nas palavras de Nelson Eizirik[144], por autorregulação entende-se:

"(...) a regulação e fiscalização, por parte dos próprios membros da indústria organizados em instituições ou associações privadas, de suas atividades, com vistas à manutenção de elevados padrões éticos. Assim, ao invés de haver uma intervenção direta do Estado, sob a forma de regulação dos participantes do mercado, estes se autopoliciam no cumprimento dos deveres legais e dos padrões éticos consensualmente aceitos."

---

[140] Vide *Código de Autorregulação de Aquisições e Fusões*, disponível em http://www.amecbrasil.org.br/doc2/Codigo.pdf. Acesso em 28.09.2013.

[141] Em Reunião do Colegiado da CVM de 10 de julho de 2012, "O Colegiado manifestou o apoio institucional da CVM à criação do Comitê de Aquisições e Fusões (CAF) e deliberou que, nos termos de Convênio de Cooperação a ser celebrado entre a CVM e o CAF, as operações entre partes relacionadas e as ofertas públicas sujeitas a registro na CVM que sigam os procedimentos estabelecidos no Código de Autorregulação do CAF terão a sua regularidade presumida pela Autarquia."

[142] A primeira composição do CAF é formada pelo jurista Nelson Eizirik – presidente do grupo de avaliadores – e por mais dez membros: Alexsandro Broedel Lopes, Celso Clemente Giacometti, Erasmo Valladão Azevedo e Novaes França, Jaime Leôncio Singer, José Alexandre Tavares Guerreiro, José Luiz Osório, Luiz Orenstein, Luiz Spínola, Milton Amilcar Silva Vargas e Reginaldo Ferreira Alexandre.

[143] Estarão sujeitas às decisões do CAF apenas as companhias abertas que quiserem. A adesão poderá ser permanente, com a atribuição de um "selo de qualidade CAF", ou somente em determinada operação.

[144] Cf. EIZIRIK, Nelson; HENRIQUES, Marcus de Freitas; VIEIRA, Juliana Botini Hargreaves. *O Comitê de Aquisições e Fusões: versão brasileira do take over panel*. In Cronologia de fatos marcantes da carreira de Modesto Souza Barros Carvalhosa. São Paulo: Saraiva, 2011, p. 906.

O COMITÊ DE AQUISIÇÕES E FUSÕES

O modelo de autorregulação voluntária pode ser entendido como mais benéfico para a criação do CAF na medida em que apresenta as seguintes vantagens com relação ao modelo de regulação estatal: (i) maior conhecimento pelos participantes do mercado, permitindo que as regras adotadas sejam mais eficazes na identificação de conflitos; (ii) maior rapidez na condução dos processos e na aplicação de sanções, mediante redução de formalidades e de custos; (iii) maior capacidade de adaptação às mudanças do mercado; (iv) internalização dos custos da regulação pelos participantes do mercado e (v) maior cumprimento das regras, visto que são editadas pelas pessoas a que se destinam[145].

A adesão das companhias abertas ao CAF sinaliza a adoção de práticas mais avançadas de governança em relação às práticas definidas no Novo Mercado da BM&FBOVESPA.

O Código de Autorregulação não substitui os dispositivos legais constantes na Lei das S.A., na Lei do Mercado de Capitais e na regulamentação aplicáveis às operações em relação às quais o CAF tenha competência, tampouco a sua atuação substitui a da CVM[146] no que concerne a tais operações.

Por fim, o objetivo do Código de Autorregulação é estabelecer princípios e regras adicionais àqueles que decorrem da lei e da regulamentação prevista pela CVM, com o escopo de preencher eventuais lacunas existentes na regulação das ofertas públicas de aquisição de ações e nas operações de incorporação, de incorporação de ações, de fusão e de cisão com incorporação envolvendo companhias abertas, a fim de assegurar, entre outros, o tratamento equitativo e igualitário dos acionistas.

---

[145] Sobre a matéria ver: LEÃES, Luiz Gastão Paes de Barros. *Pareceres.*, V. 2, São Paulo: Singular, 2004, p. 1.114-1.117 e EIZIRIK, Nelson; HENRIQUES, Marcus de Freitas; VIEIRA, Juliana Botini Hargreaves. *O Comitê de Aquisições e Fusões: versão brasileira do take over panel.* In Cronologia de fatos marcantes da carreira de Modesto Souza Barros Carvalhosa. São Paulo: Saraiva, 2011, p. 906 – 907.

[146] Em 27 de agosto de 2013, A CVM e a Associação dos Apoiadores do Comitê de Aquisições e Fusões – ACAF (criada pela AMEC, ANBIMA, BM&FBOVESPA e IBGC, com o objetivo de constituir, manter e administrar o CAF) celebraram um convênio para (i) estabelecer que as operações de reorganização societária entre partes relacionadas que sigam o Código de Autorregulação e que sejam consideradas regulares pelo CAF no exercício de sua atividade de autorregulação gozarão, sem prejuízo do exercício das atribuições legais da CVM, de presunção de regularidade; e (ii) estabelecer mecanismos de cooperação entre CVM e o CAF visando ao intercâmbio de informações sobre as atividades voltadas à regulação e à fiscalização das operações de reorganização societária entre partes relacionadas.

V.2. Princípios e Objetivos

O Código de Autorregulação constitui um conjunto de princípios e de regras que refletem o consenso dos participantes do mercado e que devem pautar: (i) no caso do código de conduta, na atuação daqueles que estiverem submetidos à regulação e à fiscalização do CAF quando envolvidos em ofertas públicas de aquisição de ações e em operações de reorganização societária ("Código de Conduta") e (ii) no caso do código de procedimentos, no exercício do poder fiscalizatório por parte do CAF ("Código de Procedimentos").

O Código de Autorregulação[147] baseia-se em alguns princípios fundamentais, que deverão ser privilegiados em relação às regras e nortearão os procedimentos a serem seguidos por todos os envolvidos em ofertas públicas de aquisição de ações e em operações de reorganização societária sujeitas à aplicação do Código de Conduta e à atuação do CAF no exercício de seu poder regulamentar:

(i) as ofertas públicas e as operações de reorganização societária deverão assegurar tratamento igualitário entre os acionistas titulares de ações de uma mesma classe e tratamento equitativo em relação aos detentores de outras espécies ou classes de ações;

(ii) a decisão final a respeito da aceitação de uma oferta pública ou da realização de uma operação de reorganização societária deve ser sempre dos acionistas, não podendo os administradores da companhia ou qualquer outra parte envolvida na operação tomar medidas que visem frustrar a soberania da decisão dos acionistas;

(iii) os acionistas deverão receber, de maneira uniforme, todas as informações necessárias à tomada de decisão refletida e independente quanto à aceitação da oferta pública ou à aprovação da operação de reorganização societária;

(iv) os acionistas deverão dispor de tempo suficiente para a tomada de decisão refletida e independente quanto à aceitação da oferta pública ou à aprovação da reorganização societária;

(v) o conselho de administração da companhia tem o dever de manifestar, expressamente, o seu entendimento sobre os efeitos da oferta pública ou da operação de reorganização societária sobre a Companhia e os negócios por ela desenvolvidos;

---

[147] Vide art. 29 do Código de Autorregulação.

O COMITÊ DE AQUISIÇÕES E FUSÕES

(vi) as partes envolvidas na realização da oferta pública ou da operação de reorganização societária devem se abster de praticar atos com abuso de direito; de realizar operações que possam criar condições artificiais para a negociação das ações de emissão de qualquer companhia envolvida na operação e de utilizar informações confidenciais em proveito próprio ou de terceiros;

(vii) a companhia e o mercado de valores mobiliários não podem ter o desenvolvimento normal de seus negócios afetados injustificadamente pela oferta pública ou pela operação de reorganização societária, devendo-se, para tanto, evitar que sejam divulgadas ofertas ou operações temerárias ou meramente especulativas e que, após divulgadas, permaneçam em aberto por período superior ao razoável;

(viii) as informações constantes de laudos de avaliação apresentados no âmbito das ofertas públicas e das operações de reorganização societária devem ser consistentes, completas, precisas, atuais, claras e objetivas;

(ix) o avaliador responsável pela elaboração dos laudos de avaliação apresentados no âmbito das ofertas e das operações de reorganização societária não poderá ter qualquer conflito de interesses que lhe diminua a independência necessária ao desempenho de suas funções;

(x) o CAF deverá promover análises e procedimentos de maneira célere e com custos reduzidos para as partes envolvidas, garantindo que os prazos a serem cumpridos sejam os menores possíveis dentro de critérios de razoabilidade;

(xi) o CAF deverá conduzir suas análises e seus procedimentos privadamente, evitando o vazamento de informações que possa prejudicar interesse legítimo das partes envolvidas e garantindo a sua confidencialidade até a tomada da decisão, exceto quando elas concordarem com a sua divulgação em momento anterior; e

(xii) nos procedimentos administrativos a serem conduzidos pelo CAF, deverão ser observados os princípios do contraditório e da ampla defesa;

(xiii) os membros do CAF, no desempenho de sua função, deverão ser independentes, imparciais, discretos, diligentes, competentes e proferir decisões devidamente motivadas e fundamentadas.

Além disso, o Código de Autorregulação baseia-se nos princípios de equidade e de justiça. Algumas regras incluem pontos sugeridos durante o processo de revisão das regras do Novo Mercado, como a oferta de aquisição obrigatória quando alcançado o limite de 30% de participação em uma companhia que não possua acionista controlador, ou a manifestação do Conselho de Administração no caso de uma oferta hostil pelo controle da companhia.

De acordo com Nelson Eizirik[148]:

> *"As principais funções do CAF serão a regulação e a fiscalização de todas as modalidades de ofertas públicas de aquisição de ações e das operações de incorporação, incorporação de ações e fusão envolvendo companhias abertas, com o objetivo de garantir que seja conferido tratamento igualitário aos acionistas titulares de ações de uma mesma classe de ações, bem como lhes seja conferida a possibilidade de decidir soberanamente a respeito da aceitação de uma oferta pública ou da realização de uma operação de reorganização societária."*

O autor, ainda, pondera[149]:

> *"Uma das finalidades do CAF será a normatização das táticas de defesa contra ofertas de aquisição de controle, a partir do princípio de que a decisão final a respeito da aceitação de uma OPA deve ser sempre dos acionistas, não podendo os administradores da companhia objeto ou qualquer outra parte envolvida na operação tomar medidas que visem a frustrar a soberania desta decisão."*

Importante ressaltar que a análise do CAF não abrange as vantagens e as desvantagens financeiras e comerciais das operações de sua competência, visto que a decisão com relação à operação caberá aos acionistas.

V.3. Companhias sujeitas ao CAF

As companhias sujeitas ao CAF serão aquelas companhias abertas que aderirem voluntariamente à regulação e fiscalização do CAF. Para tais companhias será conferido o "Selo CAF" que as diferenciará das demais companhias no âmbito do mercado de capitais regulamentado.

---

[148] Cf. EIZIRIK, Nelson. *A Lei das S.A. Comentada*. V. III, São Paulo: Quartier Latin, 2011, p. 465.
[149] *Idem*, p. 466.

O COMITÊ DE AQUISIÇÕES E FUSÕES

No entanto, alguns requisitos mínimos deverão ser preenchidos pelas companhias interessadas a aderir ao Código de Autorregulação, quais sejam:

(i) obter e manter atualizado junto à CVM o registro de emissor de valores mobiliários;

(ii) ter assinado o Termo de Adesão do CAF;

(iii) terem firmado Termo de Anuência ao CAF seus acionistas controladores, seus administradores, seus membros do conselho fiscal de quaisquer órgãos com funções técnicas ou consultivas, criados por disposição estatutária;

(iv) ter incluído, em seu estatuto social, cláusula padrão de vinculação da companhia, de seus acionistas, de administradores e de membros do conselho fiscal e de quaisquer órgãos de funções técnicas ou consultivas ao Código de Autorregulação. Tal cláusula estatutária deverá prever a possibilidade de a assembleia geral da companhia deliberar, com base no art. 120 da Lei das S.A., a suspensão dos direitos, inclusive do direito de voto, do acionista que violar determinada regra ou decisão do CAF[150];

(v) ter adaptado o seu estatuto social ao Código de Autorregulação, de modo que nenhuma de suas disposições esteja em desacordo com os princípios e com as regras do Código de Autorregulação; e

(vi) observar as normas legais e regulamentares relativas e aplicáveis ao CAF, se houver.

O CAF poderá solicitar informações ou documentos adicionais à companhia, concedendo, para tanto, o prazo de 20 dias, contado do recebi-

---

[150] A redação da referida cláusula, prevista no art. 13, inciso IV do Código de Autorregulação, deverá ser a seguinte: "A companhia, seus acionistas, administradores, e membros do conselho fiscal e de quaisquer órgãos com funções técnicas ou consultivas, criados por disposição estatutária, obrigam-se a observar as regras do Código de Autorregulação de Aquisições e Fusões ("Código") editado pelo Comitê de Aquisições e Fusões – CAF e a cumprir as decisões que venham a ser proferidas pelo CAF em todas as operações de ofertas públicas de aquisição, incorporação, incorporação de ações, fusão, cisão com incorporação que, nos termos do Código, estejam inseridas no âmbito do CAF. Parágrafo Único. A assembleia geral deverá ser convocada para deliberar sobre a suspensão do exercício dos direitos, inclusive do direito de voto, do acionista que deixar de cumprir com o disposto no *caput* deste art., nos termos do art. 120 da Lei nº. 6.404, de 15.12.1976."

mento da solicitação do CAF e poderá solicitar novas modificações no estatuto social da companhia.

Da mesma forma, o CAF terá 20 dias para fazer a análise no requerimento de adesão, a qual será feita por um comitê *Ad Hoc*, com o auxílio do quadro técnico do CAF.

O deferimento do requerimento de adesão não será feito com base em apreciação de mérito sobre a companhia aderente, sendo seus administradores responsáveis pela veracidade das informações prestadas ao CAF e pela autenticidade dos documentos a ele enviados.

Conforme mencionado anteriormente, ao ofertante, em conjunto com a companhia-alvo, no caso da oferta pública de aquisição de ações, que tenha por objeto ações de companhia aberta que não tenha previamente aderido ao CAF, será facultado requerer a submissão de tal oferta ao órgão, em situações concretas.

Da mesma forma, às companhias que estejam envolvidas em operação de reorganização societária e que não tenham previamente aderido ao CAF será facultado requerer a submissão da operação ao CAF, desde que façam conjuntamente e que, pelo menos, uma das envolvidas seja companhia aberta.

Por fim, o desligamento do CAF também poderá ser requerido a qualquer tempo; o desligamento apenas se tornará eficaz após o decurso de 1 (um) ano contado da data de tal requerimento, a não ser que seja aprovada a eficácia imediata do desligamento em assembleia especial, na qual apenas poderão votar os acionistas titulares de ações em circulação de emissão da companhia aderente.

V.4. Operações sujeitas ao CAF

O Código de Autorregulação concentra-se, fundamentalmente, nas operações que acarretam mudança de controle de companhias abertas, especialmente por meio de ofertas públicas previstas nos arts. 257 e seguintes da Lei das S.A.

Além disso, como a maioria das companhias listadas na BM&FBOVESPA ainda possui um bloco de controle definido, por meio dos acordos de acionistas, que pode ser alienado por meio de operações privadas, o CAF também terá papel fundamental na regulação e na fiscalização das ofertas públicas decorrentes da alienação de controle de companhia aberta, cuja obrigatoriedade está prevista no art. 254-A da Lei das S.A. e deverá se

O COMITÊ DE AQUISIÇÕES E FUSÕES

manifestar, conforme o caso, sobre a obrigatoriedade ou não de realização da oferta pública.

Os princípios e as regras do Código de Autorregulação deverão ser aplicáveis a todas as demais ofertas públicas de aquisição de ações, ainda que não envolvam alteração do controle da companhia-alvo, bem como a todas as operações de reorganização societária envolvendo a companhia aderente.

As modalidades de oferta pública de aquisição de ações reguladas pelo Código de Conduta[151] são as seguintes:

(i) oferta pública de aquisição de ações para cancelamento de registro de companhia aberta, exigida por força do § 4º do art. 4º da Lei das S.A. e do §6º do art. 21 da Lei do Mercado de Capitais;

(ii) oferta pública de aquisição de ações para aumento de participação, realizada em consequência do aumento de participação do acionista controlador no capital social da companhia aberta, exigida por força do § 6º do art. 4º da Lei das S.A.;

(iii) oferta pública de aquisição de ações por alienação de controle, realizada como condição de eficácia de negócio jurídico de alienação de controle de companhia aberta, exigida pelo art. 254-A da Lei das S.A.;

(iv) oferta pública de aquisição de ações obrigatória exigida por normas de segmentos especiais de listagem de mercados regulamentados de valores mobiliários no Brasil ou por previsões estatutárias da companhia aderente;

(v) oferta pública de aquisição de ações por atingimento de participação acionária relevante que passará a ser exigida pelo Código de Autorregulação[152];

(vi) oferta pública de aquisição de ações voluntária realizada com a intenção de o ofertante adquirir ações de emissão da companhia aderente;

(vii) oferta pública de aquisição de ações voluntária para aquisição de controle de companhia aderente, nos termos do art. 257 e seguintes da Lei das S.A.; e

---

[151] Conforme art. 27 do Capítulo VI do Código de Autorregulação do CAF.
[152] Oferta pública de aquisição de ações prevista na Seção VII do Capítulo III do Código de Conduta.

(viii) oferta pública de aquisição de ações concorrente, formulada por um terceiro que não o ofertante ou pessoa a ele vinculada, que tenha por objeto ações abrangidas pela oferta pública cujo edital já tenha sido publicado, também prevista no Código de Autorregulação[153].

Observe-se que o Código de Autorregulação inovou ao prever a necessidade de a companhia aderente realizar oferta pública de aquisição de ações por atingimento de participação acionária relevante, com o objetivo de regular os casos de aquisição de participação acionária relevante e de aquisição originária de poder de controle, nos moldes da *mandatory bid*, existente no Direito britânico.

Uma das discussões mais acaloradas entre os representantes dos principais participantes do mercado de valores mobiliários brasileiro quando da elaboração do Código de Autorregulação foi com relação ao preço da ação a ser praticado na oferta pública de aquisição de ações por atingimento de participação acionária relevante, que deverá corresponder: (i) em relação às ações com direito a voto, ao maior preço pago pelo acionista adquirente para a aquisição de ações com direito a voto de emissão da companhia aderente nos 12 (doze) meses que antecederem o atingimento de participação acionária relevante[154], ajustado por eventos societários, tal como, dentre outros, a distribuição de dividendos ou juros sobre o capital próprio; e (ii) em relação às ações preferenciais sem direito a voto ou com voto restrito e valores mobiliários conversíveis em ações sem direito a voto ou com voto restrito, a 80% (oitenta por cento) do valor oferecido aos titulares de ações com direito a voto.

Segundo a Associação Brasileira das Companhias Abertas (ABRASCA), que inicialmente também participou das discussões do projeto do Código de Autorregulação, mas decidiu não aderir ao CAF, tal precificação não é justa na medida em que considera o maior preço pago pelo acionista adquirente para a compra de ações com direito a voto de emissão da companhia aderente nos doze meses que antecederem o atingimento de participação

---

[153] Oferta pública de aquisição de ações prevista na Seção X do Capítulo III do Código de Conduta.

[154] De acordo com o Código de Autorregulação, "Participação Acionária Relevante" significa a titularidade de ações com direito a voto de emissão da companhia aderente em percentual igual ou superior ao fixado no estatuto social da companhia aderente, o qual não poderá ser inferior a 20% (vinte por cento), nem superior a 30% (trinta por cento) do seu capital votante.

acionária relevante. Na opinião da ABRASCA, o preço por ação deveria ser a média dos preços pagos nos doze meses que antecederem o atingimento de participação acionária relevante ou deveria ser utilizado outro critério, como o valor de mercado das ações no momento da referida oferta pública.

Além dos casos de ofertas públicas, o CAF também analisará as operações de incorporação, de incorporação de ações e de fusões envolvendo companhias abertas, especialmente aquelas envolvendo reorganizações societárias entre partes relacionadas, em razão da maior possibilidade de conflitos societários.

V.5. Conclusão

Conforme abordado neste trabalho, o objetivo do Código de Autorregulação é estabelecer princípios e regras adicionais àqueles que decorrem da Lei das S.A. e da regulamentação prevista pela CVM, com o escopo de suprir eventuais lacunas existentes na regulação das ofertas públicas de aquisição de ações e nas operações de reorganização societária envolvendo companhias abertas.

Espera-se que o CAF, da mesma forma como ocorreu com o Novo Mercado da BM&FBOVESPA, venha a ser internacionalmente reconhecido como um modelo de autorregulação, de modo a permitir que as empresas nele listadas tenham decisões mais rápidas e previsíveis, tomadas por um órgão especializado.

Todavia, pairam dúvidas sobre a real adesão das companhias abertas brasileiras ao CAF.

Nesse sentido, há algumas questões que merecem atenção dos participantes do mercado e, principalmente, da BM&FBOVESPA, com o objetivo de garantir o sucesso do CAF, tais como, se (i) o CAF é um órgão suficientemente independente; (ii) a sua composição está sendo equitativa; (iii) é necessária a sua criação no Brasil quando já existe a CVM e (iv) pode haver presunção de legitimidade nas ofertas públicas de aquisição de controle e nas reorganizações societárias envolvendo companhias abertas aprovadas pelo CAF.

Ainda que o Código de Autorregulação esteja finalizado e aprovado, não se pode estabelecer que ele, de fato, produzirá efeitos, uma vez que a sua legitimidade, em se tratando de uma medida autorregulatória, pressupõe a adesão voluntária por parte das companhias abertas.

VI
Análises de Casos Empíricos

Neste capítulo, serão analisados e discutidos os dois casos emblemáticos de ofertas públicas de aquisição de controle acionário ocorridos recentemente no Brasil, que corroboraram para o desenvolvimento da regulamentação das ofertas públicas no país, a saber: (i) o caso Sadia *v.* Perdigão e (ii) o caso *GVT*.

VI.1. O caso Sadia *v.* Perdigão

O caso Sadia *v.* Perdigão teve grande atenção da mídia, uma vez que representou um sinal de prosperidade da economia e do mercado de capitais brasileiro[155].

A tentativa da Sadia S.A. de adquirir o controle da Perdigão S.A., na época, sua principal concorrente na produção e no processamento de alimentos à base de proteína animal, baseou-se na intenção da Sadia de se consolidar como líder do mercado, visando a sua expansão internacional no referido segmento.

Em 17 de junho de 2006, a Sadia, que era listada no Nível 1 do segmento de governança corporativa da BM&FBOVESPA, realizou oferta hostil de compra do controle acionário da Perdigão S.A., na época listada no Novo

---

[155] O caso instigou a análise da mídia, dos agentes econômicos e do mercado em geral. Exemplificativamente, referir-se a CORREA, Cristiane e LETHBRIDGE, Tiago. *Por que o negócio não saiu?* Revista Exame. 28.07.2006.

Mercado[156], objetivando a aquisição de, no mínimo, 50% mais uma das ações de emissão da Perdigão por meio do mercado acionário, pelo valor de R$ 3,7 bilhões, 35% acima do valor de bolsa das ações da Perdigão (R$ 27,88 por ação).

Note-se que, uma vez implementada a oferta pública, a Sadia deveria adquirir até a totalidade das ações de emissão da Perdigão, uma vez que teria adquirido ações de emissão da Perdigão em montante superior a 20% do total das ações de sua emissão, situação prevista no art. 37, *caput*, do Estatuto Social da Perdigão[157].

Em 18 de julho de 2006, a administração da Perdigão divulgou fato relevante informando a recusa às condições da oferta pública de aquisição de ações de emissão da Perdigão formulada em 17 de julho de 2006 por acionistas da Perdigão detentores, em conjunto, de 55,38% do seu capital.

No mesmo fato relevante, a Perdigão questionava a validade da oferta, sustentando não ter sido observada regra contida em seu estatuto social que exigia, para a formulação da citada proposta, ser o proponente titular de, no mínimo, 20% de seu capital.

---

[156] Em fevereiro de 2006, os fundos de pensão controladores da Perdigão S.A. decidiram migrar para o Novo Mercado da BM&FBOVESPA, unificando todo o capital social em ações ordinárias, com direito a voto, formalmente adotando as melhores práticas de governança corporativa exigidas por tal segmento de listagem. Dessa forma, a Perdigão passou a ser uma das primeiras companhias brasileiras com controle difuso (controle exercido com menos de 50% mais uma ação com direito a voto), finalizando o ano de 2006 com mais de 15 mil acionistas dispersos no mercado. Como resultado do sucesso da venda dos papéis da Perdigão após o anúncio de entrada no Novo Mercado, as ações da Perdigão passaram a integrar o principal índice da BM&FBOVESPA, o IBOVESPA. Para maiores detalhes, vide CHAGASTELLES, Adriana Duarte. *A influência da estrutura acionária no desempenho das empresas – Estudo de Caso da Perdigão S.A.* Dissertação de Mestrado em Administração de Empresas, cujo orientador foi Raimundo Nonato Souza Silva, p. 22 e ss, acesso em 30.09.2013, no seguinte endereço eletrônico: < http://www2.ibmecrj.br/sub/RJ/files/dissert_mestrado/ADM_adrianachagastelles_out.pdf>.

[157] O art. 37, *caput*, do Estatuto social da Perdigão previa que: "Qualquer Acionista Adquirente, que adquira ou se torne titular de ações de emissão da Companhia, em quantidade igual ou superior a 20% (vinte por cento) do total das ações de emissão da Companhia deverá, no prazo máximo de 30 (trinta) dias a contar da data de aquisição ou do evento que resultou na titularidade de ações em quantidade igual ou superior a 20% (vinte por cento) do total de ações de emissão da Companhia, realizar ou solicitar o registro de, conforme o caso, uma OPA da totalidade das ações de emissão da Companhia, observando-se o disposto na regulamentação aplicável da CVM, os regulamentos da Bovespa e os termos deste Artigo".

ANÁLISES DE CASOS EMPÍRICOS

Em 19 de julho de 2006, atendendo a ofício enviado pela Superintendência de Registro e pela Superintendência de Relações com Empresas da CVM, a Perdigão arquivou novo aviso de fato relevante, informando os nomes dos acionistas que haviam recusado a oferta, a saber: PREVI – Caixa de Previdência dos Funcionários do Banco do Brasil, PETROS – Fundação Petrobrás de Seguridade Social, Fundação Telebrás de Seguridade Social – SISTEL, Fundação de Assistência e Previdência Social do BNDES – FAPES, VALIA – Fundação Vale do Rio Doce de Seguridade Social, REAL GRANDEZA – Fundação de Previdência e Assistência Social, PREVI-BANERJ – Caixa de Previdência dos Funcionários do Sistema Banerj, PSPP – Perdigão Sociedade de Previdência Privada, Fundo de Investimento em Títulos e Valores Mobiliários – Librium e WEG Participações e Serviços S.A.

Os maiores acionistas da Perdigão eram estes nove fundos, sendo que a maioria deles estava vinculada por acordo de acionistas que regulava o direito de voto (Previ, Petrus, Sistel, Fapes, Real Grandeza, Previ Banerj e Valia). Conjuntamente, eles detinham 49% do capital votante da Perdigão. Tais fundos convenceram a Weg S.A., detentora de aproximadamente 5,88% do capital votante da Perdigão, a não aceitar a oferta pública da Sadia.

Em razão disso, a administração da Sadia, no dia seguinte, publicou em novo fato relevante, a sua decisão de modificar o preço da oferta, em benefício de todos os acionistas da Perdigão destinatários da oferta, o qual passou a ser de R$ 29,00 por ação de emissão da Perdigão, resultando em um aumento do preço por ação de 4,01% em comparação à oferta inicial. Todavia, o grupo controlador da Perdigão entendeu que tal valor era baixo, além de estar em desconformidade com a exigência legal do art. 261, §1º da Lei das S.A., que determina que uma segunda oferta tenha que ser realizada por valor, ao menos, 5% superior àquele originalmente proposto.

No dia 21 de julho de 2006, a administração da Perdigão informou ao mercado que houve a recusa, por acionistas titulares de ações representativas de 55,38% do capital social, da oferta alterada[158].

Diante de tal recusa, a CVM afirmou, no mesmo dia 21 de julho, que a oferta alterada perdera sua eficácia, como ocorrera com a oferta inicial, visto que a realização e a eficácia da oferta e do leilão estavam condicionadas ao atendimento, dentre outras, da condição de aceitação de ações no

---

[158] *Caso Sadia-Perdigão é sinal de evolução do mercado*, Jornal Valor Econômico, edição de 24 de julho de 2006.

leilão por parte dos acionistas habilitados que representassem, no mínimo, 50% mais uma ação de emissão da Perdigão.

Segundo Luiz Leonardo Cantidiano[159], a manifestação da CVM foi equivocada, na medida em que a oferta voluntária – que não envolve permuta de ações – não está obrigada a respeitar os procedimentos específicos estabelecidos na ICVM 361. Ademais, o mesmo autor pondera que:

"Com a referida decisão, a meu juízo equivocada, e que foi adotada sem que a agência reguladora do mercado estivesse habilitada a proferi-la, acionistas da Perdigão, titulares de cerca de 46% de seu capital, ficaram impedidos de se manifestar sobre a proposta de compra que lhes fora apresentada."

De fato, a CVM, ao editar normas sobre a oferta pública de aquisição de controle de companhia aberta, conforme permite o §4º, do art. 257 da Lei das S.A., limitou-se a estabelecer que a oferta voluntária para aquisição de controle somente dependerá de registro na CVM caso envolva permuta por valores mobiliários.

Ocorre que, nesse caso, a manifestação da CVM mostrou-se correta, uma vez que a oferta hostil lançada pela Sadia perdeu o seu objeto quando mais de 55% do capital social da Perdigão manifestou a sua recusa a ela.

A recusa da oferta hostil pelos acionistas da Perdigão, além de inviabilizar a compra do controle acionário da Perdigão pela Sadia, mostrou ao mercado que, embora bem diluído o capital acionário da Perdigão, seu controle ainda era definido e majoritário.

No caso em estudo nem foi necessária a realização da assembleia geral com a presença de outros acionistas minoritários para recusar integralmente a oferta da Sadia, como teria sido caso a Perdigão de fato tivesse seu controle disperso.

Com efeito, esse caso exemplificou o que, possivelmente, será a realidade da maioria das companhias de capital disperso no Brasil num futuro próximo. Situação em que a companhia tem capital disperso, atraindo o interesse de concorrentes, mas, ao mesmo tempo, é organizada por um grupo de acionistas minoritários, vinculados por acordo de acionistas, que controla a companhia de forma a impedir ofertas hostis de aquisição por meio de rápida reação à oferta.

---

[159] Cantidiano, Luiz Leonardo. *Análise do caso Sadia X Perdigão: uma tentativa de "take over".* In Castro, Rodrigo R. Monteiro de; ARAGÃO, Leandro Santos de (Coord.). *Sociedade Anônima: 30 anos da Lei 6.404/76.* São Paulo: Quartier Latin, 2007, p. 241 – 243.

ANÁLISES DE CASOS EMPÍRICOS

Dessa forma, segundo pondera Érica Gorga[160], o caso Sadia *v.* Perdigão chama a atenção para dois pontos: (i) que o controle das companhias de capital aberto no Brasil está, cada vez mais, disperso entre os acionistas e (ii) que os acordos de acionistas irão prevalecer em companhias com essa estrutura acionária, sendo possível que os principais acionistas coordenem o seu controle acionário e a tomada de decisões.

VI.2. O caso GVT

A GVT, até outubro de 2009, possuía dispersão acionária. Aproximadamente 70% de seu capital social disperso no mercado, enquanto seus principais acionistas, detentores de controle minoritário, possuíam, aproximadamente, 30% de seu capital.

Em 08 de setembro de 2009, a GVT divulgou fato relevante informando que seus então acionistas controladores, o Grupo Swarth (formado por Swarth Investiments LLC e Swarth Investments Holding LLC) e a Global Village Telecom (Holland) BV ("Controladores"), detentores de aproximadamente 30% das ações da GVT, celebraram um acordo ("Acordo") que (i) permitiria à Vivendi, empresa estrangeira do setor de comunicações e de entretenimentos, lançar uma oferta pública para a aquisição de 100% do capital da GVT ao preço de R$ 42,00 por ação, desde que se verificassem determinadas condições prévias e (ii) informava que os Controladores haviam se comprometido a vender à Vivendi, pelo menos, 20% de participação na Companhia, do total de 30% que detinham.

Nos termos do Fato Relevante de 08 de Setembro de 2009, a efetivação da oferta estaria condicionada (i) à aquisição de, no mínimo, 51% do capital social da GVT, (ii) à obtenção das necessárias aprovações regulatórias e (iii) à dispensa, em favor da Vivendi, da aplicação das *poison pills*, previstas no Estatuto Social da GVT[161].

---

[160] GORGA, Érica. *Changing the paradigm of stock ownership: from concentrated towards dispersed ownership? Evidence from Brazil and consequences for emerging countries. In: American Law & Economics Annual 18th Association Meeting. Working paper* 76, 2008, p. 24. Disponível em http:// law.bepress.com/alea/18th/art76>. Acesso em 23.10.11.

[161] Nesse caso, a *poison pill* mais relevante prevista no estatuto social da GVT estipulava que aquele que adquirisse (ou pretendesse adquirir) 15% ou mais do capital da Companhia, obrigava-se a realizar oferta pública por um valor substancialmente maior do que o valor das ações.

Em 07 de outubro de 2009, a Telefônica lançou uma oferta pública para aquisição do controle da GVT, tal como prevista na ICVM 361 (art. 32), objetivando a aquisição de até 100% das ações da GVT, ao preço de R$ 48,00 por ação.

As condições estabelecidas no edital da oferta pública de aquisição do controle da GVT lançada pela Telefônica foram as seguintes: (i) a aquisição pela ofertante de uma quantidade mínima de ações da GVT (no caso, 51% de participação); (ii) a dispensa da aplicação do art. 43 do estatuto social da GVT (que estabelece as ditas *poison pills*) à oferta pública para aquisição do controle da GVT; e (iii) a aprovação da operação pelo órgão regulador, Agência Nacional de Telecomunicações – ANATEL, sem a imposição de restrições atípicas.

Posteriormente, em 03 de novembro de 2009, a GVT realizou uma assembleia geral extraordinária, com o objetivo de aprovar a dispensa da aplicação das *poison pills*. Ao aprovar essa dispensa, a GVT o fez não apenas para o âmbito da oferta pública da Telefônica, mas para toda e qualquer oferta que viesse a contemplar as seguintes características: (i) efetivação da liquidação financeira até 28 de fevereiro de 2010; (ii) preço de, no mínimo, R$ 48,00 por ação; (iii) pagamento em dinheiro; e (iv) que o ofertante (a) apresentasse capacidade financeira para a aquisição de 100% do capital social da GVT por um preço mínimo de R$ 48,00 por ação e (b) fosse operador ou provedor de serviços de telefonia fixa, móvel ou de banda larga no Brasil ou no exterior, diretamente ou por intermédio de sua(s) subsidiária(s), controlada(s) ou coligada(s).

Além disso, foi aprovada pela referida assembleia, que o acionista que desejasse acrescer sua participação acionária para mais do que 9,9% não mais necessitaria realizar um leilão para adquirir tal participação adicional.

Esse novo cenário permitiu que aquisições privadas fossem realizadas, as quais frustraram a realização de leilão da oferta pública para aquisição do controle da GVT.

Muito embora não existisse proibição expressa para a aquisição de ações que sejam objeto de uma oferta pública de aquisição de controle de uma companhia aberta, vale apontar que a CVM, há muitos anos, já esclareceu que:

> *"uma vez tornada pública, de modo regular, uma Oferta para aquisição de controle de Sociedade por Ações, nos termos do Art. 257 e seguintes da Lei nº 6.404/76, **constituirá ato ilegal, além de prática comercial não equitativa e, por conseguinte,***

ANÁLISES DE CASOS EMPÍRICOS

nociva ao mercado de valores mobiliários, a divulgação, por quaisquer meios de comunicação, de qualquer manifestação de intenção semelhante, salvo se veiculada através do instrumento apropriado e previsto em Lei, qual seja, a Oferta Pública concorrente (Art. 262 da Lei nº 6.404/76)"[162]. (Grifo da autora)

Após a aprovação da suspensão dos mecanismos de *poison pills* pela assembleia da GVT, a Telefônica anunciou, em 04 de novembro de 2009, o aumento do preço de sua oferta para R$50,50.

Depois da assembleia dos acionistas da GVT que aprovou a dispensa da aplicação das *poison pills* e do anúncio do aumento pela Telefônica do preço da oferta, houve uma atípica movimentação de ações da GVT no mercado, tendo alguns fundos de investimento anunciado aquisições e vendas de ações e/ou de direitos sobre ações.

No dia 12 de novembro de 2009, a Agência Nacional de Telecomunicações – ANATEL, por meio do Ato nº 6549, aprovou a transferência de controle da GVT para a Vivendi ou para a Telefônica, atendendo a uma das condições essenciais para a conclusão da oferta pública por qualquer das partes. Na mesma data, o fundo Tyrus Capital LLP anunciou que passara a deter direitos sobre 8.520.000 ações da GVT, representativas de 6,63% do capital da companhia.

No dia seguinte, 13 de novembro de 2009, a Vivendi anunciou, por meio de fato relevante publicado pela GVT, que adquirira (i) dos Controladores, as ações de controle da GVT (representativas, naquele momento, de 29,9% do capital da companhia); (ii) no mercado, uma quantidade de ações representativas de 8% do capital da companhia, e (iii) opções "não condicionadas" para aquisição de ações que, depois de exercidas pela Vivendi e conjuntamente com as ações já adquiridas, garantiriam à Vivendi um percentual de 57,6% do capital total da GVT.

Em resumo, esse fato relevante publicado pela GVT mencionava que a Vivendi teria efetivamente adquirido 37,9% das ações da GVT e que teria adquirido opções que lhe dariam o direito de comprar ações adicionais representativas de 19,6% do capital da Companhia.

A divulgação desse fato relevante levou os acionistas da GVT e o mercado em geral a acreditarem que o leilão da oferta pública da Telefônica não mais ocorreria por ter sido inviabilizada uma de suas condições prin-

---

[162] A esse respeito, confira-se a Deliberação CVM nº 02, de 10.11.1978.

cipais (aquisição de, no mínimo, 51% das ações da GVT) e que, portanto, não haveria oferta concorrente em leilão para a aquisição das ações[163].

No mesmo dia 13 de novembro de 2009, a Vivendi protocolou na CVM o pedido de registro de oferta pública por aquisição do controle[164] para adquirir dos acionistas da GVT suas ações, pelo mesmo preço oferecido aos Controladores da GVT (R$ 56,00).

Em 30 de novembro de 2009, a GVT publicou fato relevante contendo declaração feita pela Vivendi em resposta a questionamento efetuado pela CVM, informando que as opções de compra de ações (opções sobre 24.934.700 ações), conforme divulgadas em 13 de novembro de 2009, foram adquiridas da Tyrus Capital LLP e que a Vivendi havia exercido em 17 de novembro o direito de comprar 8.520.000 ações, sendo que o direito de adquirir as demais 16.414.700 ações emitidas pela GVT seria exercido posteriormente.

Em 01 de dezembro de 2009, a Vivendi comunicou que adquiriu novas ações da GVT e que teria, então, 50,9% do capital total da GVT, sem contar com as opções incondicionais que anunciara deter. Com isso, a mensagem dada ao mercado era a de que, independentemente das opções da Tyrus Capital, ela já teria adquirido no mercado o controle majoritário da GVT.

Pode-se afirmar que esse caso foi caracterizado por duas operações visando à aquisição de controle da GVT, que ocorreram simultaneamente: a oferta pública de aquisição de controle lançada pela Telefônica e o processo privado, realizado com informações esparsas e assimétricas por parte da Vivendi.

A vitória da Vivendi pode ter sido boa para os acionistas, mas, com certeza, o modo como a companhia francesa agiu não foi o melhor para o desenvolvimento do mercado como um todo. Na época, a ICVM 361 ainda não previa regras claras com relação às aquisições privadas durante uma oferta pública de aquisição de controle, e a Vivendi, por mais que aparentemente não estivesse desrespeitando a regulamentação, aproveitou de pontos omissos para "escapar" de uma oferta pública concorrente, que

---

[163] De fato, aberto pela BM&FBOVESPA o leilão da oferta da Telefônica, no dia 19 de novembro de 2009, foi prontamente encerrado por falta de habilitações em número mínimo exigido para a sua realização.

[164] OPA de *tag along* a que ficam obrigados todos aqueles que adquirem ações dos controladores de uma companhia nos termos do art. 254-A da lei 6.404/76 e art. 29 da Instrução CVM 361/02.

ANÁLISES DE CASOS EMPÍRICOS

tem como objetivo permitir que dois ou mais compradores disputem, em condições equitativas, o controle de uma companhia-alvo.

Tais operações de aquisições particulares de ações de uma companhia-alvo da oferta pública passaram a ser reguladas pela CVM com a edição da ICVM 487, ao estabelecer mecanismos de desincentivo a negociações privadas anteriormente ou durante a vigência de uma oferta pública de aquisição de controle: além de o ofertante ser obrigado a divulgar o preço por ação praticado em negociações privadas relevantes ocorridas nos 12 meses que antecedem o edital da oferta pública, foi criada uma regra de melhor preço (*best price rule*) relativa a aquisições realizadas durante o período da oferta pública (o preço da oferta não pode ser inferior ao preço de qualquer negociação realizada pelo ofertante durante a vigência da oferta).

A ICVM 487 reduziu (de 5% para 2,5%) o percentual de ações que obriga a divulgação de posições por participantes do mercado no contexto de uma oferta pública para aquisição de controle de negócios.

Com relação ao comportamento da Vivendi para a aquisição do controle acionário da GVT, a CVM[165] instaurou o processo administrativo (RJ2010/15761) para apuração das irregularidades praticadas pela Vivendi, dentre elas operação fraudulenta e uso de informação privilegiada, em que foi acusada de:

(i) *induzir ou manter terceiros em erro com finalidade de obter vantagem indevida, prática qualificada como operação fraudulenta, em virtude de ter divulgado fato relevante de modo incompleto em 13/11/09, que levou o mercado a crer que, àquela data, a Vivendi já era titular de ações e direitos sobre ações de GVT em quantidade suficiente para impedir que o controle acionário da companhia fosse adquirido por terceiro (infração ao disposto no item 1 da Instrução CVM nº 08/79, no tipo específico do inciso II, "c");*

(ii) *não detalhar condições da aquisição de controle da GVT que eram relevantes, uma vez que um dos contratos de opções de compra, relativo a 9,7% do capital social da adquirida, fora celebrado com terceiro que ainda não detinha a titularidade das ações, prevendo liquidação exclusivamente financeira, de modo que haveria necessidade de comprar as ações no mercado para assegurar a aquisição do controle acionário da GVT (infração ao disposto no art. 3º, § 5º, e no art. 10º da Instrução CVM nº 358/02);*

---

[165] Vide decisão do Colegiado da CVM de 09.12.2010, acesso em 18.09.2013, no seguinte endereço eletrônico: <http://www.cvm.gov.br/port/descol/resp.asp?File=2010-048ED09122010.htm>.

(iii) *negociar com ações e títulos referenciados em ações posteriormente à divulgação do Fato Relevante de 13/11/09, de posse de informação relevante não divulgada sobre os direitos que lastreavam parte das opções contratadas pela Vivendi (infração ao disposto no § 4º do art. 155 da Lei nº 6.404/76 e art. 13º, § 1º, da Instrução CVM nº 358/02); e*

(iv) *publicar Fatos Relevantes nos dias 1º, 4 e 11 de novembro de 2009 com informações imprecisas e incompletas referentes à participação em ações de emissão da GVT pela Vivendi (infração ao disposto no art. 3º, § 5º, da Instrução CVM nº 358/02).*

A CVM também identificou irregularidades por parte das instituições financeiras que assessoram a Vivendi – o Banco Rothschild & Cie Banque e o fundo inglês Tyrus Capital LLP – o primeiro fez aquisições de ações de emissão da GVT, em nome próprio, na qualidade de investidor não residente, mas tinha a Vivendi como a comitente final. Com relação ao fundo inglês, no dia do anúncio da aquisição do controle da GVT pela Vivendi, 19,6% das ações (de um total de 57,6%) não eram de titularidade do Tyrus, como anunciado, que tinha o direito de compra de tais ações, sendo que a maioria dos papeis eram opções sobre contratos derivativos *(total return swaps)*[166].

A Vivendi apresentou proposta de termo de compromisso à CVM para encerramento do referido processo administrativo, inicialmente no valor de R$ 5 milhões e, após recusa da CVM, no valor de R$ 150 milhões, que foi aceito[167]. Tanto o Banco Rothschild & Cie Banque como o fundo inglês

---

[166] A Tyrus Capital LLP foi acusada de: (i) descumprir o item I da Instrução CVM 08/79, no tipo específico descrito no inciso II, "c", pela participação em operação fraudulenta; e (ii) descumprir o § 4º do art. 155 da Lei das S.A. e art. 13, § 1º da ICVM 358/02, quanto à negociação com títulos referenciados em ações de GVT entre 07.11.2009, data na qual teve acesso a informação relevante sobre a operação de aquisição do controle acionário de GVT pela Vivendi, e 13.11.2009, quando foi divulgado fato relevante tornando pública a referida aquisição.

[167] Cf. apurou o jornal "Valor Econômico", na edição de 10 de dezembro de 2010, divulgado em matéria intitulada *Vivendi paga à CVM R$ 150 milhões*: "Este é, de longe, o acordo de maior valor já firmado pela autarquia com um acusado, equivalente a três vezes o montante de R$ 47 milhões de todos os termos de compromisso assinados pela CVM no ano passado inteiro. O segundo maior termo de compromisso foi firmado com o Safra em 2007, no valor de R$ 29,5 milhões, sendo que a maior parte era para ressarcimento de cotistas de fundos da instituição. O terceiro mais relevante, cujos recursos foram apenas para a autarquia, foi firmado com o

Tyrus Capital LLP também celebraram termos de compromisso com a CVM no valor equivalente a, respectivamente, R$ 500 mil e R$ 10 milhões.

Cabe salientar que essa oferta pública de aquisição de controle da GVT foi a primeira oferta pública de aquisição de controle de companhia listada no segmento do Novo Mercado da BM&FBOVESPA e, certamente, representa um marco no mercado de capitais nacional, pois demonstra um progresso para o mercado de controle acionário, capaz de aumentar a liquidez das ações negociadas no mercado de capitais brasileiro.

Diante do surgimento, no Novo Mercado, de um número expressivo de companhias sem controlador majoritário (controle minoritário e controle gerencial) e das evidências empíricas de transformação do mercado acionário nacional, o estudo da regulação brasileira atual a respeito dessas operações é indispensável para o desenvolvimento do mercado de capitais.

banco Credid Suisse, em 2009, em uma acusação de uso de informação privilegiada com as ações da fabricante de aviões Embraer".

VII
Conclusão

Nos últimos anos, temos visto, no Brasil, um crescente movimento das companhias abertas na direção da dispersão acionária, o que traz à tona importantes questões ainda pouco discutidas pelos operadores do direito. Muitas delas são relacionadas às ofertas públicas de aquisição do controle, praticamente esquecidas desde a edição da Lei das S.A (1976).

As ofertas públicas para a aquisição do controle são objeto de determinadas especificidades que requerem a sua regulação e a sua autorregulação, que parecem ser preocupações recentes da CVM e da própria BM&FBOVESPA, mediante análise dos conjuntos de regras aplicáveis às ofertas públicas de aquisição do controle nos Estados Unidos e na União Europeia, mais precisamente no Reino Unido.

No entanto, a intenção não é aqui resumir o que foi tratado ao longo deste trabalho. O objetivo do trabalho, sem dúvida, foi analisar criticamente o instituto da oferta pública de aquisição de controle sob os mais diversos aspectos, para contribuir para a maior compreensão do tema e para sua melhor aplicação no futuro, tendo em vista um novo cenário com o aparecimento de companhias sem controlador ou com controlador minoritário.

Assim sendo, melhor delinear, nesta conclusão, as principais dificuldades encontradas pelos juristas e as falhas ainda presentes na regulação das ofertas públicas de aquisição de controle, de forma a contribuir com futuras proposições.

Como visto, a oferta pública de aquisição do controle envolve diversos interesses, que não se restringem apenas às partes diretamente envolvidas na oferta; ofertante e determinados acionistas da companhia-alvo.

Há também, conforme identificado ao longo deste trabalho, outras relações diretamente envolvidas na oferta pública, quais sejam: as relações entre acionistas controladores e acionistas minoritários, entre administradores e destinatários da oferta e, ainda, entre o ofertante e a própria companhia-alvo. Nesse último caso, a companhia-alvo engloba os interesses de seus acionistas, dos administradores, dos empregados e os interesses da comunidade em que atuam (*stakeholders*).

Todas essas relações envolvem interesses que, na maioria das vezes, são conflitantes, o que resulta no aumento dos custos de transação da oferta pública. Tais interesses, quando não acomodados, podem prejudicar o sucesso da oferta, apesar das vantagens que apresenta ao ofertante e aos acionistas da companhia-alvo em relação às demais formas de aquisição do poder de controle.

Muito embora a CVM tenha implementado recentes alterações na ICVM 361, entendemos que ainda não foram realizadas modificações estruturais, como se pode verificar das legislações inglesas e americanas. Provavelmente, a CVM não quis burocratizar o procedimento da oferta pública, para não desencorajar a sua utilização no Brasil.

No entanto, a oferta pública de aquisição do controle possui problemas estruturais que impedem que o mercado sozinho busque soluções positivas para os conflitos de interesses envolvidos.

Podemos, primeiro, destacar a inexistência na regulamentação de limitações aos poderes dos órgãos de administração da companhia-alvo em relação a certas operações de caráter excepcional, que afetam, indevidamente, o curso normal dos negócios da companhia. Além disso, as informações com relação à companhia estão concentradas nos administradores, que delas poderão fazer uso para barrar uma operação, com o objetivo de garantir seus cargos na companhia que administram.

Nesse sentido prevê o Considerando 16 da Diretiva Europeia 2004/25/CE:

> *"Para evitar operações que possam comprometer o êxito de uma oferta, deverão ser limitados os poderes do órgão de administração de uma sociedade visada em relação a certas operações de carácter excepcional, sem impedir indevidamente a sociedade visada de prosseguir o curso normal das suas actividades"*[168].

---

[168] Como exemplo, podem ser citadas as restrições previstas no *Takeover Code* inglês, conforme ensinam Luiza Rangel e Isabel Bocater: "a administração da companhia visada, quando

CONCLUSÃO

Com efeito, tais limitações reduzem a capacidade de os administradores utilizarem seus poderes para inviabilizar a implementação da oferta pública de aquisição do controle formulada por um ofertante interessado. Para tanto, no período da oferta, ou quando de sua iminência, os administradores deverão administrar a companhia-alvo no curso ordinário dos negócios, não devendo, por exemplo, celebrar contratos que impactem expressivamente no orçamento da companhia, tornando-a desinteressante para qualquer ofertante.

Outra questão que ainda não foi devidamente regulamentada é a obrigatoriedade de o ofertante e de a companhia-alvo se manifestarem sobre as repercussões que a aquisição do controle provocará nos empregados da companhia-alvo.

A ICVM 361, conforme alterada, se preocupou com os investidores ao prever que o conselho de administração da companhia-alvo poderá se manifestar sobre a oferta pública de aquisição do controle e apresentar sua opinião acompanhada de certas informações, tais como os aspectos relevantes para a decisão do investidor, sobretudo o preço oferecido na oferta e as alterações relevantes na situação financeira da companhia-alvo. Todavia, esqueceu-se a CVM de prever que poderá haver a manifestação com relação à proteção dos empregados da companhia[169].

---

em curso de uma oferta, ou sabendo de sua iminência, não pode, exceto se houver prévio contrato, sem a autorização da assembleia geral, emitir ações no limite do capital autorizado, ou emitir ou conceder opções relativas a ações ainda não emitidas; ou criar quaisquer títulos conversíveis em ações, ou que deem direito à subscrição; isto também se aplica a qualquer ato ou acordo para disposição ou aquisição de ativos em montante relevante, e a contratos que excedam a gestão ordinária. Se ocorrerem circunstâncias especiais, o *'Painel'* deve ser consultado e seu consentimento obtido". (...) "a administração da companhia visada deve agir de modo a assegurar o pronto registro de transferência das ações envolvidas em uma oferta, de modo a que os acionistas possam, livremente, exercer seus direitos, inclusive de voto; disposições estatutárias fixando um período de carência, após o registro de transferência, para o exercício do direito de voto, são inteiramente indesejáveis". In MORAES, Luiza Rangel de; BOCATER, Maria Isabel do P. *Oferta Pública de Aquisição do Controle (art. 157 e seguintes da Lei 6.404/76) Estudo Jurídico Básico, Gerência de Legislação e Pesquisa, Superintendência Jurídica*. Rio de Janeiro: Legis Bancos, 1980, p. 241.

[169] Nesse caso, o Considerando 23 da Diretiva Europeia 2004/25/CE foi além ao prever a possibilidade de os trabalhadores das companhias alvo, ou seus respectivos representantes, emitirem parecer sobre as repercussões possíveis da oferta com relação ao emprego.

Podem, ainda, ser destacados, como pontos frágeis com relação à oferta pública de aquisição do controle, a falta de ação coletiva por parte dos acionistas, compelindo-os a tomarem decisões indesejáveis e o nível de informação das partes envolvidas em uma oferta pública que as coloca em situação de desequilíbrio.

Corrobora a isso, o fato de a oferta pública de aquisição do controle acionário ser regulada conjuntamente com as demais ofertas públicas de aquisição obrigatórias, sendo certo que muitos dispositivos da ICVM 361 aplicam-se indistintamente a todas as ofertas, que não se confundem e que têm tratamentos distintos na Lei das S.A. Essa forma regulatória poderá provocar a interpretação confusa dos dispositivos da ICVM 361 no caso da oferta pública de aquisição do controle.

As ofertas públicas para aquisição do controle constituem um tema bastante atual e relevante, embora ainda de pouca aplicação prática no Brasil. O fenômeno da dispersão acionária é e será o principal responsável pelo desenvolvimento das ofertas públicas de aquisição de controle no país. Nesse sentido, caberá aos aplicadores do Direito Societário e do Mercado de Capitais aprenderem com os erros já experimentados pelo direito comparado para que, com base nessa experiência de décadas, possam buscar soluções rápidas para os problemas que enfrentarão a partir de agora.

VIII
Bibliografia

ARMOUR, John e AKEEL JUNIOR, David A. *"Who Writes the Rules for Hostile Takeovers, and Why – The Peculiar Divergence of US and UK Takeover regulation".* Law Working Paper, nº 73/2006, September, 2006. Disponível em: http://www.ecgi.org/wp/. Consultado em 21.01.2012.

ASCARELLI, Túlio. *Problemas das Sociedades Anônimas e Direito Comparado*, 2ª ed. Campinas: Bookseller, 2001.

AZEVEDO, Antônio Junqueira de. *Negócio Jurídico – Existência, Validade e Eficácia*, 2ª ed. São Paulo: Saraiva, 1986.

AZEVEDO, Luís André N. de Moura. *A oferta pública para aquisição de controle sob a perspectiva da companhia aberta ofertante.* In CASTRO, Rodrigo R. Monteiro de; ARAGÃO, Leandro Santos de (Coord.). *Sociedade Anônima: Desafios Atuais.* São Paulo: Quartier Latin, 2009.

BEBCHUK, L. *Toward Undistorted choice and Equal Treatment in Corporate Takeovers* – Harvard Law Review, v. 98, p. 1695-1808.
– *Efficient sales of corporate control,* Quarterly Journal of Economics nº 109, p. 957, 1994.
– *The case against board veto in corporate takeovers,* The University Law Review, nº 69, p.973–1035, 2002.

BERLE, Adolf; MEANS, Gardiner C. *The modern corporation and private property.* 9ª Ed. New Brunswic/New Jersey: Transaction Publishers, 2007.

BERTOLDI, Marcelo M. *O Poder de Controle na Sociedade Anônima – alguns aspectos.* In RDM, nº 93.

AQUISIÇÃO DE CONTROLE DE COMPANHIA DE CAPITAL PULVERIZADO

BLACK, Bernard S. *Strengthening Brazil's securities markets*. In RDM, nº 120.

BULGARELLI, Waldírio. *Regime Jurídico de Proteção às Minorias nas S.A.* Rio de Janeiro: Renovar, 2008.

BULHÕES PEDREIRA, José Luiz. *Alienação de Controle de Companhia Aberta.* In LAMY FILHO, Alfredo; BULHÕES PEDREIRA, José Luiz. *A Lei das S.A.* V.2, 2ª Ed. Rio de Janeiro: Renovar, 1996.

CANELLAS, Thiago Costa. *Evolução da estrutura de controle das empresas brasileiras listadas na Bovespa: 2004-2006.* Dissertação (Mestrado em Administração) – Universidade Federal do Rio de Janeiro – UFRJ, Instituto de Pós-Graduação em Administração – COPPEAD, 2008. Ricardo P.C. Leal (Orient.).

CANTIDIANO, Luiz Leonardo. *Alienação e aquisição de controle.* RDM, nº 59, jul./ set. de 1985.

– *Análise do caso Sadia X Perdigão: uma tentativa de "take over".* In CASTRO, Rodrigo R. Monteiro de; ARAGÃO, Leandro Santos de (Coord.). *Sociedade Anônima: 30 anos da Lei 6.404/76.* São Paulo: Quartier Latin, 2007.

– *Direito Societário & Mercado de Capitais.* Rio de Janeiro: Renovar, 1996.

– *Revista da CVM.* Rio de Janeiro: Comissão de Valores Mobiliários, V.3, nº 09, p. 35-42, set/out. 1985.

CARVALHOSA, Modesto. *Comentários à Lei de Sociedades Anônimas.* Vs. 1-4, 4ª Ed., São Paulo: Saraiva, 2009.

– *Responsabilidade civil dos administradores de companhias abertas.* In RDM, nº 49.

CASTRO, Rodrigo & AZEVEDO, Luís André (coord.). *Poder de Controle e Outros Temas de Direito Societário e Mercado de Capitais.* São Paulo: Quartier Latin, 2010.

CASTRO, Rodrigo & ARAGÃO, Leandro (coord.). *Direito Societário, desafios atuais.* São Paulo: Quartier Latin, 2009.

CHAGASTELLES, Adriana Duarte. *A influência da estrutura acionária no desempenho das empresas – Estudo de Caso da Perdigão S.A.* Dissertação de Mestrado em Administração de Empresas, cujo orientador foi Raimundo Nonato Souza Silva, p. 22 e ss, acesso em 30.09.2013 em: <http://www2.ibmecrj.br/sub/RJ/files/dissert_mestrado/ADM_adrianachagastelles_out.pdf>.

CINTRA, Maria Lúcia de Araujo. *Oferta Pública de compra de ações.* In RDM, nº 13.

COFFEE, J. *Market Failure and the Economic Case for a Mandatory Disclosure System.* Virginia Law Review, nº 70, 1984, p. 717.

COMPARATO, Fábio Konder & CALIXTO, Salomão Filho. *O Poder de Controle na Sociedade Anônima,* 5ª edição, Ed. Forense: Rio de Janeiro, 2008.

COMPARATO, Fábio Konder. *Aspectos jurídicos da Macroempresa.* São Paulo. RT, 1970, p.33.

BIBLIOGRAFIA

DAVIES, P. *Shareholder value, company law and securities markets law: A British view, Capital markets and company law*, Oxford University Press, 2003.

DA COSTA, Philomeno J. *Anotações às Companhias*. São Paulo: RT, 1980.

DAVIES, P e HOPT, K. *Control Transations, The Anatomy of Corporate Law – a comparative and functional approach*, KRAAKMAN, R., ARMOUR, J., DAVIES, P. ENRIQUES, L, HANSMANN, L, HERTIG, G. HOPT, K. KANDA, H. & ROCK, E. (authors), *second edition*, Oxford University Press, 2009.

DE MOTT, Deborah A. *Comparative Dimensions of Takeover regulation*. In COFFE Jr., John C.; LOWENSTEIN, Louis; ROSE-ACKERMAN, Susan (coord.). *Knights, Raiders & Targets – The Impact of The Hostile Takeover*. Oxford: Oxford University, 1988.

DI PIETRO, Maria Sylvia Zanella. *Parcerias na Administração Pública: concessão, permissão, franquia, terceirização, parceria público-privada e outras formas*. 5ª Ed. São Paulo: Editora Atlas, 2005.

DUBEUX, Júlio Ramalho. *A Comissão de Valores Mobiliários e os principais instrumentos regulatórios do Mercado de Capitais Brasileiro*. Porto Alegre: Sergio Antonio Fabris Editor, 2006.

EASTERBROOK, F & FISCHEL, D. *Corporate control transactions*, Yale Law Journal nº 91.

EIZIRIK, Nelson. *A Lei das S.A. Comentada*. V. III, São Paulo: Quartier Latin, 2011.
– *A Nova Lei das S.A.* São Paulo: Saraiva, 2002.
– *Temas de Direito Societário*. Rio de Janeiro: Renovar, 2005.
– *O mito do "controle gerencial"* – alguns dados empíricos. In RDM, nº 66.
– *Sociedades Anônimas – Jurisprudência*. Rio de Janeiro: Renovar, 1998.

EIZIRIK, Nelson, GAAL, Ariádna, PARENTE, Flávia & HENRIQUES, Marcus. *Mercado de Capitais – Regime Jurídico*, 2ª Ed. Rio de Janeiro: Renovar, 2008.

EIZIRIK, Nelson; HENRIQUES, Marcus de Freitas; VIEIRA, Juliana Botini Hargreaves. *O Comitê de Aquisições e Fusões: versão brasileira do take over panel*. In Cronologia de fatos marcantes da carreira de Modesto Souza Barros Carvalhosa. São Paulo: Saraiva, 2011.

FERRARINI, Guido; HOPT, Klaus J.; WINTER, Jaap; WYMEERSCH, Eddy (coord.). *Reforming Company and Takeover Law in Europe*. Oxford: Oxford University.

FRANÇA, Erasmo Valladão Azevedo e Novaes (coord.). *Direito Societário Contemporâneo I*. São Paulo: Quartier Latin, 2009.
– *Invalidade das Deliberações de Assembleia das S.A.* São Paulo: Malheiros, 1999.

GILSON, R & BLACK, B. *The Law and finance of corporate acquisitions*, second edition, University Casebook Series, 1995.

GILSON, L. *Unocal fifteen years later (and what we can do about it)*, Delaware Journal of Corporate Law nº 26, p. 491-513, 2001. LIPTON, M. *Pills, polls and professors: a reply to professor Gilson*, Delaware Journal of Corporate Law nº 27, 2002.

GORGA, Érica. *Changing the paradigm of stock ownership: from concentrated towards dispersed ownership? Evidence from Brazil and consequences for emerging countries. In: American Law & Economics Annual 18th Association Meeting. Working paper 76*, 2008. Disponível em http://law.bepress.com/alea/18th/art76>. Acesso em 23.10.11.

GUERREIRO, José Alexandre Tavares. *Responsabilidades dos Administradores*. In RDM, nº 42.

KAHAN, M. *Sales of corporate control, journal law*, Economics and Organization nº 9, 1993.

LAMY, Alfredo Filho. *Temas de S.A.* Rio de Janeiro: Renovar, 2007.

LAMY, Alfredo Filho e PEDREIRA, José Luiz Bulhões. *A Lei das S.A.* 2.ed. Rio de Janeiro: Renovar, 1996, v. 2.

LAMY, Alfredo Filho & PEDREIRA, José Luiz Bulhões (Coord.). *Direito das Companhias.* Vol. 1-2. Rio de Janeiro: Forense, 2009.

LEÃES, Luiz Gastão Paes de Barros. *Pareceres.* São Paulo. Ed. Singular, 2004.

– *Estudos e Pareceres sobre Sociedades Anônimas.* São Paulo: RT, 1989.

LIPTON, M. *Takeover Bids in the Target's Boardroom.* Business Lawyer, nº 35, 1979, p. 101 e seg.

LOBO, Carlos Augusto da Silveira. *In* LAMY, Alfredo Filho & PEDREIRA, José Luiz Bulhões (Coord.). *Direito das Companhias.* Vol. 1-2. Rio de Janeiro: Forense, 2009.

LOBO, Jorge. *Interpretação realista da alienação de controle de companhia aberta.* In RDM, nº 124.

LUCENA, José Waldecy. *Das Sociedades Anônimas, Comentários à Lei*, Vs. 1-2. Rio de Janeiro: Renovar, 2009.

MOORE, Andrew G.T. The Birth of Unocal: *A Brief History. Delaware Journal of Corporate Law.* V. 31, nº. 3, p. 856-886, 2006. Disponível em: http://ssrn.com/abstract=946018. Consultado em 05.12.2011.

MORAES, Luiza Rangel de; BOCATER, Maria Isabel do P. *Oferta Pública de Aquisição do Controle (art. 157 e seguintes da Lei 6.404/76) Estudo Jurídico Básico, Gerência de Legislação e Pesquisa, Superintendência Jurídica.* Rio de Janeiro: Legis Bancos, 1980.

MUNHOZ, Eduardo Secchi. *Aquisição de Controle na Sociedade Anônima.* São Paulo: Saraiva, 2013.

– *Transferência de controle nas companhias sem controlador majoritário.* In CASTRO, Rodrigo R. Monteiro de, AZEVEDO, Luís André N. de Moura, (coord.).

BIBLIOGRAFIA

Poder de controle e outros temas de direito societário e mercado de capitais. São Paulo: Quartier Latin, 2010.

NASCIMENTO, João Pedro Barroso. *Medidas Defensivas à Tomada de Controle de Companhias.* São Paulo: Quartier Latin. 2011.

OIOLI, Erik Frederico. *Oferta Pública de Aquisição do Controle de Companhias Abertas.* São Paulo: Quartier Latin, 2010.

OSÓRIO, José Diogo Horta. *Da Tomada do Controle de Sociedades (takeovers) por Leveraged Buy-Out e sua Harmonização com o Direito Português.* Coimbra: Almedina, 2011.

PARENTE, Flávia. *O Dever de Diligência dos Administradores de Sociedades Anônimas.* Rio de Janeiro: Renovar, 2005.

PENTEADO, Arthur Bardawil. *CVM – Decisão administrativa sobre alienação de controle – ações vinculadas a acordo de acionistas – O caso Votorantim.* In RDM, nº 83.

PENTEADO, Mauro Rodrigues. *Apontamentos sobre a Alienação de Controle de Companhias Abertas.* In RDM, nº 83.

POSNER, Tony. *Law and the regulations.* Oxford: *Claredon Press,* 1977. P. 3-7. Apud FRANÇA, Phillip Gil. *O Controle da Administração Pública: Discricionariedade, tutela jurisdictional, regulação econômica e desenvolvimento.* 3ª Edição revista, atualizada e ampliada. São Paulo: Revista dos Tribunais, 2011.

PRADO, Roberta Nioac. *Desconcentração do Poder de Controle e Poison Pills: Evolução no Mercado de Capitais Brasileiro.* In CASTRO, Rodrigo R. Monteiro de, AZEVEDO, Luís André N. de Moura, (coord.). Poder de controle e outros temas de direito societário e mercado de capitais. São Paulo: Quartier Latin, 2010. – *Oferta Pública de Ações Obrigatórias nas S.A. – Tag Along.* São Paulo: Quartier Latin, 2005.

REYS, Francisco. *Direito Societário Americano – Estudo Comparativo.* São Paulo: Quartier Latin, 2013.

SALOMÃO, Calixto Filho. *O novo Direito Societário.* 4ª Ed., São Paulo: Malheiros, 2011. – *Regulação da Atividade Econômica (princípios e fundamentos jurídicos).* São Paulo: Malheiros, 2001.

SANTANA, Maria Helena. *O Novo Mercado por Maria Helena Santana* – Capítulo integrante da publicação *Focus Novo Mercado and its Followers:Case Studies in Corporate Reform,* disponível em *http://www.bmfbovespa.com.br/pt-br/a-bmfbovespa/download/Focus5.pdf*

SILVEIRA, *Alexandre di Miceli da.Governança Corporativa no Brasil e no mundo: teoria e prática.* Rio de Janeiro: Elsevier, 2010.

AQUISIÇÃO DE CONTROLE DE COMPANHIA DE CAPITAL PULVERIZADO

Legislação

DIRETIVA 2004/25/EC, de 30.04.2004.

Real Decreto Espanhol nº 1066, de 27 de julho de 2007, disponível em: <*http:// www.tesoro.es/doc/SP/legislacion/normativa/decretos/RD_OPAS.pdf*>

Regulamento de Listagem do Novo Mercado. São Paulo. BM&FBOVESPA – Bolsa de Valores, Mercadorias e Futuros, 10.05.2011, disponível em <*http://www.bmf-bovespa.com.br/empresas/download/RegulamentoNMercado.pdf*>

SUMÁRIO

I. INTRODUÇÃO	9
I.1. O desenvolvimento do direito do mercado de capitais brasileiro nos anos 2000	11
I.2. A pulverização do capital acionário no Brasil	17

II. OFERTA PÚBLICA PARA AQUISIÇÃO DE CONTROLE	25
II.1. Poder de Controle	25
II.2. Origem e Histórico	29
II.3. Definição e Natureza Jurídica	30
II.4. Regras Gerais	34
II.5. Participação de Instituição Financeira	36
II.6. Instrumento da Oferta Pública de Aquisição de Controle	38
II.7. Sigilo e Dever de Informar	42
II.8. Aplicação e Efeitos	44
II.9. Viabilização Financeira	46

III. OS MODELOS NORTE-AMERICANO E EUROPEU	51
III.1. A dicotomia entre os Sistemas Britânico e Norte–Americano	51
III.2. A Regulação da Oferta Pública de Aquisição de Controle na União Europeia	53
III.2.1. Histórico	53
III.2.2. A Diretiva 2004/25/CE	54
III.2.3. Regras Gerais sobre a Oferta Pública de Aquisição de Ações na União Europeia	55
III.2.4. O Funcionamento do Sistema Britânico	57
III.2.5. O Funcionamento do Sistema Alemão	61
III.2.6. O Funcionamento do Sistema Francês	63

AQUISIÇÃO DE CONTROLE DE COMPANHIA DE CAPITAL PULVERIZADO

III.3. A Regulação da Oferta Pública de Aquisição de Controle
nos Estados Unidos 64
III.4. Conclusão 66

IV. O PAPEL DO ÓRGÃO REGULADOR 69
IV.1. Visão Geral 69
IV.2. A Comissão de Valores Mobiliários 72
IV.3. Regulação do mercado de controle acionário 75
IV.4. A Nova ICVM 361 76

V. O COMITÊ DE AQUISIÇÕES E FUSÕES 87
V.1. Os trabalhos para a criação do Código 87
V.2. Princípios e Objetivos 90
V.3. Companhias sujeitas ao CAF 92
V.4. Operações sujeitas ao CAF 94
V. 5. Conclusão 97

VI. ANÁLISES DE CASOS EMPÍRICOS 99
VI.1. O caso Sadia *v.* Perdigão 99
VI.2. O caso GVT 103

VII. CONCLUSÃO 111

VIII. BIBLIOGRAFIA 115